Egbert A. Hoffmann/Arno Surminski
Hedy Gross/Eva M. Sirowatka
Werner Freytag

Ostpreußischer Sommer heute

Begegnungen, Gespräche
Beobachtungen, Berichte

VERLAG GERHARD RAUTENBERG · LEER

Der farbige Schutzumschlag wurde unter Verwendung eines Fotos von Dietrich Weldt, Glücksburg, gestaltet.

Die Aufnahmen auf den Seite 99, 102 oben, 103 oben, 105, 106, 107, 108 oben, 111 und 112 unten stammen von Dietrich Weldt, Glücksburg.

Die Aufnahmen auf den Seiten 97, 98, 100, 101, 102 unten, 103 unten, 104, 108 unten, 109, 110 und 112 oben stammen von Marianne Hoffmann, Hamburg.

Gesamtherstellung: Druckerei G. Rautenberg, 2950 Leer

Printed in Western Germany
Vierte überarbeitete Auflage 1987
ISBN 3-7921-0337-0

Ostpreußischer Sommer heute

Inhaltsverzeichnis

EIN WORT ZUVOR

Wege der Kindheit — wer von uns ist sie nicht schon hundertmal gegangen in seiner Erinnerung, in Gedanken und Träumen! Vielfältig wie Menschen und Schicksale sind diese Wege und die Stätten, zu denen sie führen. Für den einen sind es die Straßen der Landeshauptstadt, der Weg zur Schule, die Brücken, Märkte und Plätze der alten Krönungsstadt, für den anderen ist es ein verschneiter Hohlweg, der im Kirchdorf endete, für den dritten ein schmaler Pfad am See entlang, der zum Hof der Großeltern führte. Die Erinnerung an Menschen, die unsere Kindheit und Jugendzeit begleiteten, ist verknüpft mit der Erinnerung an die Landschaft, in die wir hineingeboren wurden, an die Dörfer und Städte der Heimat, an die Wiesen, Felder und Gärten, an den Strand der See und die Dünen der Nehrung, an die dunklen Wälder und tiefblauen Seen.

Für die meisten von uns sind vier Jahrzehnte verstrichen, seit sie zum letzten Mal diese Wege gegangen sind. Die dem Inferno des Kriegsendes entkamen, mußten die Heimat verlassen und sich unter unsäglichen Mühen im Westen ein neues Leben aufbauen. Andere sind zu Hause geblieben oder von den Straßen der Flucht dorthin zurückgekehrt. Viele von ihnen kamen in den vergangenen Jahren mit ihren Familien zu uns, andere warten noch heute auf die Aussiedlung.

Wege der Kindheit — viele unter uns haben wohl immer wieder davon geträumt, sie noch einmal gehen zu können. Wer aus dem nördlichen Ostpreußen stammt, der hat auch heute, so viele Jahre nach dem Ende des Zweiten Weltkrieges, noch keine Chance, diesen Wunschtraum zu verwirklichen. Weder Einzelreisende noch Reisegruppen haben die Möglichkeit, die Gebiete jenseits der Demarkationslinie zwischen Polen und der Sowjetunion zu besuchen. Anders steht es mit dem südlichen Ostpreußen. Westliche Devisen sind willkommen — so haben auch die sogenannten ‚Heimweh-Touristen' die Gelegenheit, gegen gute Deutsche Mark in Gruppenreisen oder mit dem eigenen Wagen der Vergangenheit nachzuspüren und die Wege der Kindheit zu suchen.

So manchem Menschen bin ich in den letzten Jahren begegnet, der mir sagte, ein Besuch in der Heimat ginge über seine Kraft. Er wolle alles so in Erinnerung behalten, wie es damals gewesen sei. Er lese zwar jeden Bericht über die Heimat, wie sie heute sei, aber er wolle das alles nicht mehr mit eigenen Augen sehen.

Andere wiederum haben noch Verwandte und Bekannte drüben, sie wollen Besuche machen, wollen miteinander reden, alte Verbindungen neu knüpfen und neue finden. Wieder andere sind getrieben von der Sehnsucht nach dem hohen Himmel, der trockenen, herben Luft, der bezaubernd schönen Landschaft ihrer Heimat. Sie rechnen ein, daß die Städte und Dörfer vielleicht fremdartig wirken, anders, als sie es in Erinnerung haben; daß die Menschen dort in der Mehrzahl eine fremde Sprache sprechen. Sie wissen aber, daß Wald und See, Fluß und Felder die gleichen geblieben sind wie damals.

Dann gibt es jene Gruppe von jungen Menschen unserer Zeit, die eine Reise an die masurischen Seen buchen, wie sie nach Spanien, Jugoslawien oder Griechenland fahren: Auf der Suche nach fremden Küsten, fremden Lebensgewohnheiten, Menschen fremder Lebensart. Sie wissen nichts von der Sehnsucht nach der Vergangenheit, sind unbelastet von dem Erbe leidvoller Geschichte, suchen und finden leicht Kontakt mit den Gleichaltrigen des anderen Landes, mit denen viele Interessen sie verbinden.

Und schließlich ist da der Journalist, der bestrebt ist, ohne Vorurteil niederzuschreiben, was war und was ist, und in seinem Bericht beiden Teilen gerecht zu werden — den Menschen, denen dies Land Heimat ist, und den anderen, die es in Besitz nahmen, zum Teil ebenfalls aus ihrer angestammten Heimat vertrieben und fremd dort, wo wir einst zu Hause waren.

Bleibt noch der Schriftsteller — oder die Schriftstellerin —, bemüht, den Spuren der Vergangenheit nachzugehen und doch auch das Heute mit einzubeziehen. Das ist keine leichte Aufgabe, wenn das Herz unruhig schlägt angesichts der Gedanken und Erinnerungen, wenn die Gegenwart auch immer die Vergangenheit einschließt, wenn das Geschehene und Erlebte sich verdichtet zur inneren Schau.

In diesem Bändchen haben wir den Versuch gewagt, verschiedene Stimmen zu dem gleichen Thema zu Wort kommen zu lassen. Die fünf Berichte auf diesen Seiten sind verschieden und doch auf einen Grund-Tenor gestimmt. Egbert A. Hoffmann ist Journalist mit langjähriger Erfahrung, was Reisen in die Staaten des Ostblocks betrifft, und mit entsprechend geschärfter Beobachtungsgabe. Hedy Gross war einst Gutsfrau im Kreis

Lyck und lebt heute als Malerin und Schriftstellerin in Hamburg. Arno Surminski, rasch bekannt geworden als Schriftsteller durch sein Buch ‚Jokehnen — oder Wie lange fährt man von Ostpreußen nach Deutschland' (Verlag Werner Gebühr, Stuttgart), kam 1934 in der ostpreußischen Landschaft zwischen Masuren und Königsberg zur Welt und blieb allein als Elfjähriger zurück, als seine Eltern 1945 nach Rußland deportiert wurden. Und Eva Sirowatka, in einem Waldarbeiterdorf in Masuren als Tochter des Lehrers geboren, studierte an der Königsberger Kunstakademie und lebt heute als freie Schriftstellerin im Hunsrück.

Jeder der fünf Autoren erlebte die Reise nach Ostpreußen auf seine Weise. Begegnungen, Gespräche und Impressionen werden lebendig. Die vergangene Welt der Kindheit und Jugend wird gegenwärtig, wenn vom Heute die Rede ist. Wie könnte es anders sein? Nicht Bitterkeit über das Geschehene steht im Vordergrund dieser Berichte, sondern das Bemühen darum, eine Brücke von Mensch zu Mensch und vom Land zu Land zu schlagen, eine Brücke des Verstehens und der gegenseitigen Achtung — denn hier wie dort hat der unglückselige Krieg tiefe Wunden hinterlassen.

Viele Jahre sind ins Land gegangen, seit das Inferno über unser Land im Osten hereinbrach. Verwüstete Städte und Dörfer, umherirrende Menschen, die nicht rechtzeitig den Weg in den Westen gefunden hatten, unzählige Tote an den Straßen der Flucht, Frauen und Kinder, die kaum mehr hatten retten können als das, was sie auf dem Leibe trugen. Schwere Jahre des Aufbaues einer neuen Existenz folgten — hüben wie drüben.

Nach Jahrzehnten haben viele von uns wieder die Möglichkeit, das Land der Kindheit zu besuchen, die alten Wege zu gehen. In den Städten kostet es oft viel Mühe und manche Fragen, die Straßen und Plätze wiederzufinden, die einem einst vertraut waren. Vieles ist fremd, nicht nur die Sprache der Menschen, die heute dort wohnen. Aber altvertraut ist die Landschaft geblieben — Wald und See und Wiese und Feld; altvertraut ist der hohe Himmel mit den segelnden weißen Wolken, die Nacht voller Sterne, die herbe, trockene Luft, die Stille, die Einsamkeit.

Wer heute nach Masuren fährt, der sollte sich ein paar Tage Zeit nehmen, in den Seen zu schwimmen, durch deren klares Wasser man bis auf den Grund sehen kann, statt einer Dampferfahrt vielleicht einmal mit dem Boot an den bewaldeten Ufern entlangzurudern, unter dem grünen Schattendach des Laubwaldes über den moosigen Boden zu gehen, an einem Hang mit dem Blick über die Landschaft Rast zu machen.

Ostpreußischer Sommer — heute. Viele von uns werden — wie in den vergangenen Jahren — nur in Gedanken diese Reise unternehmen. Ihnen wollen wir mit diesen Berichten sagen, wie es heute dort aussieht, wo sie einmal zu Hause waren. Alle anderen, die mit der Bahn, dem Bus oder im eigenen Wagen den Sommer in Ostpreußen verleben wollen, hoffen wir damit eine Hilfe zu geben, den Wegen der Kindheit nachzugehen und das Land der Stille in unserer lauten und schnellebigen Zeit neu zu entdecken.

Ruth Maria Wagner

Egbert A. Hoffmann

Ich werde wieder nach Ostpreußen fahren

Ein Mann lehnt stumm am Schlagbaum, der mitten im Wald die Asphaltstraße sperrt. Er starrt nach Norden, wo nach etwa hundert Metern ein weiterer Schlagbaum die Fahrbahn blockiert. Rechts ein kleines einstöckiges Gebäude. Davor hängen träge die polnische und die sowjetische Fahne. Nichts ist zu hören, bis auf das Rauschen der hohen Föhren. Die Stille ist unheimlich — sie suggeriert Gefahr.

Ich stelle mich zu dem Mann am Schlagbaum. Er schreckt aus seinen Gedanken auf, blickt mich geistesabwesend an. „Von hier“, beginnt er schließlich, „brauchte ich nur noch eine halbe Stunde weiterzugehen. Dann wäre ich am Stadtrand von Preußisch-Eylau. Dort war ich einmal zu Hause, vor vielen Jahren. Als junger Mensch bin ich oft auf dieser Chaussee gefahren. Bis Bartenstein war es eine knappe Stunde.“ Der Mann schweigt. Ein Windhauch streicht durch die Wipfel der Bäume.

Preußisch-Eylau, unerreichbar für Deutsche, gehört heute zur Sowjetunion — nur noch ein Name auf vergilbten deutschen Landkarten. Die Russen nennen die Stadt seit 1945 Bagrationowsk.

Begegnung an einer gespenstischen Grenze, angeblich der undurchdringlichsten Europas — der Grenze zwischen Polen und der UdSSR, 39 Kilometer südlich Königsberg. Von Polen aus kommt man heute nirgends näher an die einstige ostpreußische Hauptstadt heran. Die Grenzfurche ist willkürlich mitten durch Ostpreußen gekerbt, ohne historische Beziehung, ein Strich auf der Karte von West nach Ost — vom Frischen Haff nördlich Braunsberg bis zur Rominter Heide bei Goldap. Wiesen und Äcker werden zerteilt, Güter aufgeschlitzt, Gehöfte von Scheunen getrennt.

Offiziell gibt es keinen Übergang — weder für die Bahn noch für Autos oder Fußgänger. Die Welt scheint hier zu Ende. Die nächsten Straßendurchlässe sind weit im Osten bei Grodno und dann erst wieder bei Brest-Litowsk. Dennoch verkehren auf dieser ehemaligen Reichsstraße 128 gelegentlich Fahrzeuge. Reifenspuren lassen keinen Zweifel. Aber was für Fahrzeuge? Das Reifenprofil ist grob gemustert. Touristenautos sind das gewiß nicht...

*

Schuld daran, daß ich 39 Kilometer vor Königsberg ostpreußische Realität kennenlerne, ist — genau genommen — ein Telefonanruf. Das war ein Vierteljahr zuvor. Ich brütete gerade an meinem Redaktionsschreibtisch in einer Hamburger Tageszeitung über einem Rumänien-Bericht, als das Telefon klingelte. Eine mir unbekannte Frau meldete sich: „Ich lese immer Ihre Artikel über andere Länder. Das hat mich auf eine Idee gebracht. Ich möchte jetzt gern für zwei Wochen nach Masuren fahren, natürlich mit dem Wagen. Wo kann ich Hotels bestellen? Und bekomme ich das Visum an der Grenze?"

Zunächst war ich verblüfft über so viel Unkenntnis und Naivität. Aber Anfragen dieser Art sind nun mal keine Seltenheit. „So einfach geht das nicht", belehrte ich die Anruferin, „zuerst müssen Sie sich einen genauen Plan für Ihre Reise machen. Dann besorgen Sie sich Visa-Anträge bei einem Reisebüro. Die füllen Sie sorgfältig aus und schicken sie mit zwei Paßfotos sowie Ihrem Reisepaß an die Botschaft der

Volksrepublik Polen in Köln-Marienberg. Danach müssen Sie auf Antwort warten. Das kann einige Wochen dauern. Und wenn Sie Ihren Geburtsort in den verlorenen Ostgebieten nicht in polnischer Schreibweise angeben, kann der Antrag abgelehnt werden. Auch sonst gibt es vor der Reise eine ganze Menge zu regeln."

Die Frau war enttäuscht: „Für meinen Urlaub ist das leider zu spät. Hätte ich das alles nur gewußt! Warum schreiben Sie nicht mal über die komplizierten Voraussetzungen einer Polenreise und dann über die Reise selbst? Sie würden damit vielen Deutschen helfen, die heute gern in die einstigen Ostgebiete möchten — nur mal als Touristen."

Die Anruferin hatte recht. In den vergangenen dreißig Jahren bin ich weit in Europa, Afrika und Amerika, auch im Nahen Osten, herumgekommen. Allein in die Oststaaten machte ich über hundert Reportage-Reisen. In Polen war ich jedoch fünf Jahre lang nicht. Grund genug, die Erfahrungen mit unseren östlichen Nachbarn aufzupolieren. Damit war der Plan denn auch schon beschlossene Sache.

Ich besorgte also für meine Frau, eine gebürtige Königsbergerin, und mich, den Hamburger, die Visa-Anträge und füllte sie peinlich genau aus — wie ich es der Leserin empfohlen hatte. Für meine Frau mußte ich als Geburtsort „Kaliningrad" schreiben, obgleich es 1935 nur Königsberg gegeben hatte. Die Russen sind da längst nicht so pingelig. Sie haben bei mir noch niemals ein Visagesuch beanstandet, in dem „Königsberg" stand. Sechs Wochen später erfuhr ich vom Presseattaché der polnischen Botschaft: „Ihre Visa sind da."

Das war das Stichwort für gezielte Reisevorbereitungen.

Zunächst stand der Wagen auf der langen Checkliste. Gründliche Inspektion mit Ölwechsel, Reservezündkerzen, doppeltem Abschleppseil, zwei Ersatzschläuchen für schlauchlose Reifen. Ein solcher Schlauch hatte mir einmal in der Ukraine bei einer Radpanne geholfen. Damals fand ich keinen Vulkaniseur. Aber ein Dorfschmied zog mir den Schlauch ein. Seinerzeit leistete mir auch eine Fußpumpe unschätzbare Dienste. Was nützt aller guter Wille hilfsbereiter Mechaniker, wenn es weit und breit keine Tankstelle mit funktionierendem Reifendruckmesser gibt?

Die weitere Ausrüstung: Ersatz-Scheibenwischer und eine durchsichtige Plastikfolie, falls die Windschutzscheibe zu Bruch gehen sollte. Mit solchen Pannen ist auf östlichen Straßen öfter zu rechnen als im Westen. Ich beschloß, auch zwei Zwanzig-Liter-Kanister mit Reservebenzin, ein kleines Zelt und ein Schlauchboot mitzunehmen. Für den Außenborder war kein Platz mehr.

Dann das Thema Karten. Seit 1945 hat Polen in Pommern, Schlesien und Ostpreußen hunderttausende deutscher Ortsnamen durch polnische ersetzt. Dasselbe gilt in den Städten für die Bezeichnungen der Straßen. Meist sind die Namen willkürlich erfunden, gelegentlich basieren sie aber auch auf uralten slawischen Quellen. Da und dort wurden Ortsnamen einfach polonisiert — wohl mangels geeigneter Einfälle. Ganz vereinzelt allerdings blieben die deutschen Namen erhalten, werden jedoch heute anders ausgesprochen als früher — beispielsweise Stargard in Pommern und Goldap. Für den deutschen Touristen, der kein Wort Polnisch kann, bringt das Probleme, die nicht zu unterschätzen sind.

Von früheren Reisen wußte ich, daß die Polen alte deutsche Karten, etwa im Maßstab 1 zu 300 000, beim Grenzübertritt im allgemeinen nicht beanstanden. Also packte ich Pommern- und Ostpreußenkarten aus Vorkriegszeiten zusammen. Manche Generalstabskarten wurden auch in den vergangenen Jahren nachgedruckt und sind heute bei einigen Großstadtbuchhandlungen zu haben. Aber alte Karten und Stadtpläne allein nützen gar nichts — man braucht außerdem polnische Karten zur Orientierung. Abgesehen von Straßenkarten, die ganz Polen umfassen, sind sie in der Bundesrepublik kaum zu kaufen. Dabei stellt Polen ausgezeichnetes Kartenmaterial her, etwa Masuren für Wasserwanderer, Zeltler und Naturfreunde. Auch die Farbkarten der einzelnen Wojewodschaften, die sogar abgelegene Dörfer ausweisen, sind zu empfehlen. Allerdings gibt es sie nur in Polen und in einigen Buchhandlungen anderer sozialistischer Länder, auch in der DDR. Ich nutzte stets Besuche der Leipziger Messe, um mich mit Karten einzudecken.

Schließlich das Thema Geld. Natürlich ist die Einfuhr von Zloty verboten. Der Geldschmuggel hätte auch wenig Sinn, weil Polen — wie andere Ostblockstaaten — einen Zwangsumtausch vorschreibt. Damit soll der illegale Umtausch, der streng bestraft wird, unterbunden werden.

Zusätzlich besorgte ich mir Euroschecks — in der Hoffnung, daß sie in Polen auch angenommen würden. Tatsächlich klappte die Sache später ausgezeichnet. In einer winzigen Bankfiliale von Sensburg studierte die Kassiererin neugierig die Schecks, schien sie jedoch zu kennen, denn sie stellte keinerlei Fragen. Ich schrieb einen Scheck über 200 Mark aus und erhielt den Gegenwert ohne Abzüge — auf den Zloty genau zum Warschauer Kurs. Leider bekam ich keine schriftliche Bestätigung von der Kassiererin. Das brachte mich bei der Heimkehr an der Grenze in den Geruch, zweihundert Mark illegal getauscht zu haben, denn ich konnte den Verbleib ja nicht nachweisen.

Und dies war unser Reiseplan: Die erste Nacht wollten wie in Stettin bleiben, die folgenden zwölf Nächte in Allenstein und dann die letzte Nacht wieder in Stettin. Einen ganzen Tag vertelefonierte ich, um irgendein Reisebüro zu finden, das Hotelzimmer in Polen bestellt — und auch die Garantie übernimmt, daß sie wirklich reserviert sind. Abends war ich ziemlich verzweifelt: ich hatte niemanden gefunden, der mir versprechen konnte, daß ich die Zimmer auch bekäme.

Selbsthilfe ist immer noch die beste Hilfe. Also ließ ich mir von der Telefon-Auslandsauskunft die Rufnummern aller Hotels in Stettin und Allenstein geben. Viele waren es nicht — in Stettin vier und in Allenstein drei. Zunächst rief ich die Stettiner Häuser an. Drei lehnten Vorbestellungen rundweg ab, weil „alles besetzt“ sei. Beim vierten belehrte mich eine englisch sprechende Dame, es gäbe in Stettin einen Zimmernachweis. Ich wählte die genannte Rufnummer, und ein Herr, der akzentfreies Deutsch sprach, nahm meine Wünsche an: „Wenn Sie hier eintreffen, kommen Sie bitte zu uns. Sie erhalten dann die Hotelzuweisung.“ In Allenstein hatte ich gleich beim ersten Hotel, dem Warminski, Glück. Man notierte meine Wünsche und versprach, es ginge alles in Ordnung. Für die Rückfahrt ließ ich das Hotelquartier in Stettin noch offen. Denn ich wollte mich nicht festlegen.

*

Dann ist der Abreisetag da. Morgens um sechs brechen wir in Hamburg auf. Den Tageskilometerzähler im Tacho stelle ich auf Null. Wir fahren durch Mecklenburg. Ich hätte natürlich auch die Strecke Helmstedt—Frankfurt/Oder wählen können. Für Polen-Touristen aus Niedersachsen, Hessen und Nordrhein-Westfalen ist das der bequemste Weg. Die Autobahn-Etappe durch die DDR ist in etwa vier Stunden zu schaffen, wie ich mehrmals festgestellt habe. Man kommt dann allerdings nicht über Stettin, sondern über Posen und Bromberg nach Ostpreußen. Ich halte die nördliche Route für interessanter — durch Pommern.

Im DDR-Kontrollpunkt stempelt man uns gegen Vorlage des polnischen Visums das DDR-Transitvisum in den Paß. Das sind je Person fünf Mark. Hinzu kommen zwanzig Mark Straßenbenutzungsgebühr.

Mein Tacho zeigt 414 Kilometer von Hamburg, als ich mich auf der Autobahn Berlin—Stettin in eine lange Wagenschlange einreihe. Ich bin an der Grenze DDR—Polen.

Es ist 15.30 Uhr. Das letzte DDR-Dorf heißt Pomellen, das erste polnische Kolbaskowo, früher Kolbitzow. Namen, die bis zum Mai 1945, als hier die neue Grenze zementiert wurde, kaum jemand in Deutschland kannte. Heute haben die beiden Dörfer — das östliche mit ausgewechselter Bevölkerung — als Übergangsstellen beinahe internationale Bedeutung.

Geduldig warten wir in der Schlange zwischen DDR-Fahrzeugen und polnischen Wagen. Hinter mir steht ein Düsseldorfer. Der Fahrer will noch nach Kolberg, in seine Geburtsstadt. „Denken Sie gegen 19 Uhr mal an mich", sagt er zu mir, „dann bin ich daheim." Daheim?

Nur ruckweise geht es voran. DDR-Zöllner und polnische Grenzer fertigen gemeinsam ab. Schließlich bin ich an der Reihe. Höflich sind sie alle, die Uniformierten. Koffer öffnen, man tastet ein bißchen zwischen Kleidern und Hosen.

Dann muß ich eine Devisenerklärung ausfüllen, in der der Zwangsumtausch und unser mitgeführter Mark-Betrag bis auf eine Mark genau eingetragen werden. Die Schalterfrau sieht bei der Prozedur streng drein, aber sie besteht nicht darauf, daß ich ihr meine Markscheine vorzähle. „Was Sie während der Reise", belehrt sie mich, „bei polnischen Geldinstituten noch einwechseln, muß genau in der Devisenerklärung notiert werden."

Ich verstehe. Bei der Ausreise können die Grenzer dann nachrechnen, mit wieviel Geld ich in Polen gelebt habe, zumal ja auch der Zwangsumtausch auf Heller und Pfennig eingetragen wird. Natürlich hat dieser entnervende Papierkrieg einen sehr realistischen Sinn: das illegale Umtauschen wird theoretisch unmöglich gemacht — falls man in der Devisenerklärung den vollen Betrag mitgeführter Mark angibt. Die meisten Polenreisenden erkennen diese Konsequenz erst, wenn sie alles wahrheitsgetreu ausgefüllt haben.

Mit prall gefüllter Brieftasche — wegen der vielen Zloty — bin ich dann wieder am Wagen und denke, nun könne ich wohl bald Richtung Stettin weiter. Aber es fehlen noch die Pässe. Der Düsseldorfer Wagen ist längt über alle Berge und die nachfolgenden Wagen schieben sich an mir vorbei. Nur unser Gefährt steht wie angewurzelt. Ich gehe zu den polnischen Grenzern: „Bitte sehr, Sie haben noch unsere Pässe." Einer zuckt die Schultern und verschwindet in der Baracke. Allmählich werde ich nervös. Denn fünf Jahre lang hatten die Polen alle meine Visa-Anträge abgelehnt. Den Grund habe ich nie erfahren. Journalisten sind in Ostblockstaaten nun mal suspeckt.

Besonders deutlich merkt man das oft beim Grenzübergang. An der sowjetisch-rumänischen Grenze bei Tschernowitz wurde ich einmal vier Stunden lang von einer halben Kompanie russischer Soldaten nach allen Regeln organisierter Schnüffelei gefilzt. Dazu lächelte man mich an, als sei das die normalste Abfertigung der Welt. Noch schlimmer war es im Sommer 1974 an der Grenze zwischen der DDR und der CSSR kurz vor Usti nad Labem (Aussig). Speziell für mich wurden tschechische Staatssicherheitsleute aus Aussig geholt. Die verhörten mich dann eine Stunde lang, weil sie bei mir wohl geschmuggelte Manuskripte Prager Journalisten vermuteten. Immerhin war meinen Verhörern bekannt, daß ich die sowjetische Okkupation vom 21. August 1968 in Prag erlebt und danach immer wieder die CSSR bereist hatte, ohne allerdings jemals ausgewiesen zu werden. Schließlich wurde mir die Vernehmung zu dumm und ich protestierte mit dem Hinweis, ich würde über die skandalöse Behandlung im Westen berichten. Das wirkte Wunder. Man ließ mich sofort ziehen. Inzwischen war der Wagen natürlich bis in die letzten Ritzen durchforscht worden — ohne Ergebnis.

*

Jetzt stehe ich also wieder mal an einer Grenze — vor Stettin. Plötzlich taucht ein polnischer Offizier auf und fragt in perfektem Deutsch, wen ich in Polen besuchen wolle und ob ich Geschenke bei mir habe. Aber ich habe weder Verwandte in Polen, noch führe ich Geschenke mit. Dann vergeht noch einmal eine Dreiviertelstunde. „Die telefonieren mit Warschau", meint meine Frau. Ich schlendere an der Baracke vorbei. Und richtig, der Offizier telefoniert mit lauter Stimme. Dann erscheint er mit undurchdringlichem Gesicht, gibt mir die Pässe und wünscht mir gute Reise.

Bis zum Zentrum Stettins (polnisch Szczecin) sind es noch fünfzehn Kilometer. Ich finde mich gut zurecht — 1968 war ich schon einmal da. In der einstigen Breiten Straße, die heute Wielka heißt, stellen wir den Wagen neben der Jacobikirche ab und fragen uns zum Zimmernachweis durch. Den finden wir unweit des Hafentors (Brama Portowa), das früher Berliner Tor hieß. Wir sind avisiert. Man drückt uns einen Schrieb in die Hand und schickt uns etwa fünf Minuten weit ins Hotel Piast, einem alten, verstaubten Kasten. Die Zimmer sind ziemlich verwohnt. Die Dusche hängt in einer fensterlosen Nische. Wenn ich sie aufdrehe, läßt ein markerschütterndes Hämmern das ganze Haus erbeben. Das Doppelzimmer kostet 633 Zloty pro Nacht, und das ohne Frühstück. Ein stolzer Preis, finde ich. Obendrein werden die 633 Zloty auch noch in die Devisenerklärung eingetragen.

In Oststaaten sollte man den Wagen nicht unbewacht über Nacht in dunklen Nebenstraßen stehen lassen. Nicht etwa, daß er gestohlen würde — die Diebe kämen nicht weit. Aber Langfinger könnten begehrte Teile abmontieren. Beim Portier erkundige ich mich, wo es in Stettin einen bewachten Parkplatz gibt. Ein paar Straßen weiter, bedeutet er mir. Ich fahre einen knappen Kilometer bis in die Nähe des Plac Grunwaldzki, früher Kaiser-Wilhelm-Platz. Dort finde ich auf einem planierten Trümmergrundstück ein abgezäuntes Geviert, auf dem schon etliche Westwagen stehen. Ein alter Mann kassiert 50 Zloty für die Nacht. Seine Bitte: „Aber gut absperren!" Ich gebe ihm 100 Zloty extra.

*

Abendbummel durch Stettin. Laut Orbis-Stadtführer größter polnischer Ostseehafen, Warenumschlag 16,5 Millionen Tonnen jährlich, auf den Werften Fischereifahrzeuge vom Fließband. Die Stadt habe heute, so heißt es, 337000 Einwohner (zur deutschen Zeit 367000) und gelte als jüngste Großstadt Polens — Durchschnittsalter der Bewohner nur 25 Jahre.

Ich stoße wiederholt auf Deutsche, meist aus der DDR, offenbar einstige Stettiner. In Gedanken versunken streifen sie durch die Straßen, blicken von der Hakenterrasse über die Oder, suchen vertraute Ecken. Große Teile Stettins, so die gesamte Altstadt, sind bei Kriegsende vernichtet worden. Später ebnete man die Trümmer ein und pflanzte junges Grün. Was erhalten blieb, lange Reihen grauer Mietskasernen, ist heute erschreckend übervölkert und zerbröckelt allmählich. Überall fehlt frische Farbe. Eine Zierde ist Stettin sicherlich nicht.

Spät abends spricht mich eine Polin vor dem Hotel an. Sie zeigt auf ihre Plastiktasche voller Zlotyscheine: „Tauschen?“ Sie bietet den vierfachen amtlichen Kurs. Ich winke ab. Aber sie läßt nicht locker.

„Das ist doch verboten“, sage ich abwehrend.

Sie macht eine wegwerfende Handbewegung: „Verbotten is vill!“

Riskiere sie nicht Gefängnis, frage ich.

Sie nickt: „Zwei Jahre.“

Nein, ich will nicht tauschen. Wortlos zieht sie mit ihrer Plastiktasche weiter.

*

Der nächste Tag bringt die größte Tages-Etappe — von Stettin nach Allenstein. Die Straße ist ausgezeichnet und gut beschildert. Die Namen der Städte waren einst Symbol für pommersches Kleinstadtidyll: Gollnow (Goleniow), Naugard (Novogard), Plathe (Ploty), Körlin (Karlino). In Köslin, Hauptstadt der gleichnamigen Wojewodschaft (Koszalin), gibt es nicht viel zu sehen. Das nächste Städtchen hieß einmal Schlawe (Slawno) und ist immer noch stark zerstört. In Stolp (Slupsk), Geburtsort des Generalpostmeisters Heinrich von Stephan, finde ich freundliche Neubauviertel. Die tausendjährige Stadt, einst als ‚Klein-Paris‘ ein pommerscher Hort unbeschwerter Lebensfreude, war 1945 nach kampfloser Besetzung angezündet worden. Weite Teile der inneren Stadt sanken in Schutt und Trümmer.

Mittagessen im Ratskeller von Lauenburg (Lebork), offenbar die einzige Kneipe im Ort. Auf der Speisekarte kann ich nur „Kotelett" entziffern. Bis es schließlich kommt, vergeht eine Stunde. Es ist nicht sehr groß, dazu trockene Kartoffeln und die in Polen unvermeidliche Rote Beete. Das kostet umgerechnet knapp drei Mark. Das billigste Kotelett meines Lebens.

Hinter Lauenburg beginnt bald der einstige polnische Korridor. Die frühere Grenze Hinterpommerns ist nicht mehr erkennbar. Der Autoverkehr wird lebhafter. Dann blinkt in der Ferne Wasser — die Danziger Bucht. Neustadt (Wejherowo) in Westpreußen ist heute Endstation der Danziger S-Bahn. In Gdingen (Gdynia) halte ich mich nicht auf, dafür aber in Zoppot (Sopot). Das ist beinahe wie in Travemünde oder Grömitz, nur nicht so luxuriös. Villenstraßen mit schönen Gärten, Fremdenheime im Stil der Jahrhundertwende und überfüllte Parkplätze. Aber hier sind es nicht VW, Ford, Opel und Audi, sondern Trabant, Moskwitsch, Skoda, Wolga, Schiguli und Fiat Polski.

Zoppot ist immer noch — oder wieder — touristischer Magnet. Ungeheure Menschenmassen flanieren vor dem Grand Hotel, nach wie vor erstes Haus am Ort. Die vielen Jahre sind scheinbar spurlos an der hellen Fassade vorbeigegangen. Manche deutschen Reiseunternehmen haben dies komfortable Haus unter Vertrag, und die Urlauber fühlen sich, wie zu hören ist, gut untergebracht. Das einstige Kurhaus nebenan überstand das Kriegsende nicht. Aber der berühmte Seesteg ist noch da. So war es hier immer: man bummelt über die Holzbohlen bis ganz nach vorn, sieht den flinken Möwen nach oder zum Strand mit den vielen Menschen. Man läßt das Panorama dieser zauberhaften Küste auf sich wirken — bis weit nach Süden, wo Danzig im Dunst des Sommertags mehr zu ahnen ist als zu sehen.

*

Danzig, polnisch Gdansk, vor kurzem 750 Jahre alt geworden. Ich fahre am neuen Hochhaushotel beim Hauptbahnhof vorbei in die Altstadt. Langgasse und Langer Markt (Dluga und Dlugi Targ) sind seit ein paar Jahren nur noch Fußgängerzonen ohne Straßenbahnen und Autos. In der Mitte in vertrauter Pracht der Neptunbrunnen — beliebtestes Fotoziel in Danzig. Auch hier: Tausende von Touristen zwischen Hohem Tor und Mottlau, eine Völkerwanderung, flankiert von frisch getünchter Stadtgeschichte. Ich bin nun schon zum vierten Mal in dieser Stadt. Wenn es dunkel wird in Danzig, ist die Illusion vollkommen. Die stolzen Fassaden in den engen Gassen spiegeln das Bild längst vergangener Jahrhunderte. Im fahlen Licht der Straßenlampen künden schlanke Giebel von einstigem Bürgergeist. Rathaus, Stockturm, Grünes Tor, Artushof, Zeughaus und Krantor recken sich als steinerne Zeugen einer wechselvollen Geschichte zum nachtdunklen Himmel empor. Auf der Mottlau, die die Polen Stara Motlawa nennen, zerren Ausflugsschiffe an den Pfählen, und aus dem hohen Gewölbe der Marienkirche weht Orgelmusik über die roten Dächer.

Dies ist die Illusion: nachts wird Danzig wieder Danzig — am Tag jedoch ist es Gdansk. Im grellen Sonnenlicht verwandelt sich imitierte Patina in simple Ölfarbe, scheinbar mittelalterliches Gemäuer in das Erzeugnis lärmender Betonmischmaschinen, Gdansk ist eben nur eine ungenaue Kopie von Danzig. Form und Inhalt stimmen nicht mehr. Fassaden wurden korrigiert, Gesimse vereinfacht, deutsche Stilelemente „vergessen“, Beischläge verändert, Häuserreihen versetzt, schmale Gassen ganz weggelassen. Die Restaurateure wollten Luft zwischen den Häuserzeilen. Und sie bauten moderne Wohnungen ins Pseudo-Mittelalter.

Danzig ist nur äußerlich Museum. Die Rückfronten blieben oft unverputzt. Dennoch ist der Wiederaufbau eine imponierende Leistung, ein kulturgeschichtliches Werk von unschätzbarem Wert — die beispiellose Anstrengung eines armen, ausgebluteten Volkes.

Mit der Rekonstruktion Danzigs haben sich die Polen, wie sie sagen, ihren moralischen Anspruch auf dies Tor zur Welt gesichert. Hafen und Industrie wurden mit Milliarden Zloty gewaltig erweitert. Seit 1948 liefen auf Danzigs Werften über 1500 Seeschiffe von Stapel. Sie kreuzen heute unter den Flaggen vieler Länder alle Weltmeere. Erst kürzlich wurde ein Hafenbecken weit ins Meer hinaus gebaut — mit 17 Meter Wassertiefe speziell für Supertanker und Massengutfrachter.

Mit Zoppot und Gdingen ist Danzig längst zur ‚Dreistadt' mit weit über 600000 Einwohnern zusammengewachsen, davon allein Danzig 380000. Deutsche darunter? Höchstens noch ein paar hundert. 1938 lebten in diesem Gebiet 200000 Menschen weniger. 1990 soll die ‚Dreistadt' 850 000 Bewohner, zehn Jahre später sogar eine Million haben.

Trotz des beeindruckenden Aufbaus ist Danzig für alle Polen auch Symbol für den Beginn der grausamsten Jahre ihrer Geschichte. Es war 4.45 Uhr am 1. September 1939, als im polnischen Depot auf der Westerplatte neben der Hafeneinfahrt die ersten Granaten des Zweiten Weltkriegs einschlugen. Die 182 polnischen Soldaten, die sich tagelang heldenhaft wehrten, sind in ganz Polen unvergessen. Heute erinnert ein Denkmal an den Anfang des Völkermordens. Und der Name ‚Westerplatte' ist die einzige Ortsbezeichnung in Danzig, die nicht polonisiert wurde.

Mein Eindruck wird von anderen Danzig-Besuchern geteilt: die ‚Dreistadt' wirkt gar nicht wie eine polnische Stadt. Mit der frischen Ostseebrise streicht ein Hauch weltoffener Liberalität über das Pflaster. Zwischen stolzen Giebeln spürt man immer noch den kosmopolitischen Geist der alten Hansestadt. Dies Gefühl hatte ich nicht in Stettin, schon gar nicht in Rostock. Danzig ist eben ganz anders.

Der Turm von St. Marien verblaßt hinter mir im milden Licht des Sommerabends. Die Straße durch die Weichselniederung ist breit und ausgezeichnet. Polnische Karten weisen sie als Europastraße 81 aus, die schnellste Straßenverbindung zwischen Danzig und Warschau mitten durch das südliche Ostpreußen. Die Brücke über die Weichsel ist offenbar neu, auch die Brücke über die stark verkrautete Nogat.

Dann taucht Elbing auf. Mein Tacho zeigt 855 Kilometer von Hamburg. Aber Elbing (Elblag) bleibt links liegen. Die E 81 führt herum und mündet nahtlos in die einstige Autobahn Elbing—Königsberg. Preußisch-Holland (Paslek) hat ebenfalls eine Umgehungsstraße. Bei Maldeuten (Moldyty) verlasse ich die Europastraße. Mohrungen (Morag) ist das erste ostpreußische Städtchen, das ich durchfahre. Mich entsetzt die Öde um den Marktplatz. Die meisten Häuser sind verschwunden, das Rathaus steht da wie ein einsamer, vierkantiger Fels. Mohrungen, mehr als vier Jahrzehnte nach dem Krieg — Mohrungen, die Geburtsstadt Herders. Im Rathaus erinnert ein Museum an den großen Deutschen.

Dann geschieht etwas Unerwartetes. Hinter einer Straßenbiegung stoppt mich ein Zivilist. Er trägt einen Sturzhelm und hat sein Motorrad am Rande abgestellt. Er redet polnisch auf mich ein. Ich verstehe nur „Miliz" und daß ich in der Kurve eine durchgehende weiße Linie überfahren habe. Also eine Verkehrsübertretung. Der Mann hat offenbar Polizeigewalt. Er schreibt einen Strafzettel aus und schiebt ihn mir hin. Hundert Zloty soll ich zahlen. In Deutschland wäre ich ein Vielfaches an Bußgeld losgeworden. Übrigens ist es das einzige Mal, daß mich in Polen die Polizei stoppt.

Allenstein, heute Olsztyn, erreichen wir im Dunkeln. Der Tacho zeigt 971 Kilometer. Im Hotel Warminski verbrachte ich zuletzt 1965 ein paar Nächte. Inzwischen hat es einen langgestreckten Anbau erhalten, der im Innern an eine Kaserne erinnert. Im Anbau ist jetzt auch die Rezeption. Ich nenne meinen Namen, ein bildhübsches Mädchen blättert in einer Liste und hakt ab. Die telefonische Anmeldung hat also geklappt. Das Doppelzimmer ist spartanisch möbliert. Die Dusche tropft pausenlos. Diesmal ist es der Wasserhahn über dem Waschbecken, der beim Aufdrehen einen Höllenlärm veranstaltet. Offenbar eine akustische Besonderheit polnischer Hotels.

Ein Überraschung vor dem Hotel. Ich meine, ich sei irgendwo in der Bundesrepublik. Deutsche Wagen in langer Reihe, dazwischen ein paar Schweden, ein Finne. Kein polnisches Kennzeichen, kein Wagen aus der DDR, aus der CSSR oder aus anderen sozialistischen Ländern. Des Rätsels Lösung: Das Hotel Warminski ist in Ostpreußen ein recht passables Hotel und für den staatlich bewilligten Reise-Etat östlicher Touristen unerschwinglich. Den Parkplatz hat man — wie in Stettin — mit einer simplen Kette „abgezäunt". Eine ältere Frau ist gleich am Wagen und stellt sich in hartem Deutsch als Parkplatzwächterin vor. Das kostet pro Nacht ein paar Zloty, informiert sie mich. Ich zahle gleich für alle gebuchten Nächte im voraus und lege noch ein paar Scheine drauf in der Hoffnung, daß besonders gut aufgepaßt wird. Tatsächlich kommt auch nichts abhanden. Vor dem Hotel sind ein paar Schwarztauscher in Aktion. Aber ich will nicht mit polnischen Devisengesetzen in Konflikt geraten.

An den folgenden Tagen machen wir weite Rundfahrten, fast generalstabsmäßig geplant, niemals unter 200 Kilometer. Ich dringe bis in die fernsten Gegenden der einstigen deutschen Provinz vor, soweit die Straßen reichen, bis zur sowjetischen Grenze, bis zum Frischen Haff, bis in die Rominter Heide, die schon zur Wojewodschaft Bialystok gehört. Ereignisreiche Tage mit vielen Begegnungen, Gesprächen und Beobachtungen...

*

Ostpreußen heute: Hunderte von Wagen mit westdeutschen Kennzeichen rollen durch Kleinstädte und Dörfer, stehen am Rande weiter Wälder und stiller Seen, parken nachts vor Gehöften. Eine kleine gummibereifte Invasion aus dem Westen — nach mehr als vierzig Jahren sehen Deutsche ihre Heimat wieder. Sie sind zu Besuch im Land ihrer Väter, radebrechen mit den heutigen Bewohnern, forschen an verwitterten Fassaden nach Vertrautem.

Aber vier Jahrzehnte haben fast alle Spuren getilgt. Was bleibt, ist ein Hauch Wehmut. Schüchterne Illusionen, mit denen mancher kommt, zerschmelzen unter der Erkenntnis der Unwiderruflichkeit. Vielleicht ist Polen deshalb großzügig mit Visen. So wird dies heimliche Ostpreußentreffen möglich — mitten in Ostpreußen.

Das ist ein stilles, schönes Land. Einsamkeit prägt das Bild. Während des Sommers nisten wie in alten Zeiten Störche zu Hunderten auf Hausdächern und Telegraphenmasten, auf Toren und Giebeln, sogar auf den Ruinen ausgebrannter Kirchen wie in Braunsberg (Braniewo). Bei Deutsch-Eylau (Ilawa) brüten die Langschnäbel hoch über dem steilen Giebel einer Schloßruine. Im Innern wachsen schon Bäume, recken ihre Äste durch die Fensterhöhlen. Auf benachbarten Wiesen entdecke ich stolzierende Adebars in ganzen Scharen, oft fünfzig und mehr. So ist es hier immer gewesen. Störche sind die Urbewohner Ostpreußens. Und sie halten dem Land die Treue.

Vor Jahren fuhr ich schon einmal durch das Land südlich der sowjetischen Grenze. Damals waren die Bilder meist deprimierend. Der Krieg hatte die ehemals gemütlichen Kleinstädte grausam entstellt, fast ohne Ausnahme. Dennoch gab es Anzeichen mühsamen Wiederaufbaus. Zuerst füllten die neuen Bewohner die Ruinen der Kirchen, Burgen und Tore wieder mit Leben — die stolzen Wahrzeichen dieser Landschaft. Das war ein qualvoller Anfang nach dem Chaos, Stein für Stein, nicht mehr als ein beinahe hoffnungsloses Tasten in den Trümmern.

Heute sind meine Eindrücke anders. Längst ist die lückenlose Neubesiedlung Ostpreußens abgeschlossen. Allenstein, früher eine abgelegene Beamtenstadt, ist heute unter dem Namen Olsztyn Hauptstadt der Wojewodschaft mit mehr als hunderttausend Einwohnern, doppelt so viele wie 1939. Alle Kriegsspuren wurden getilgt, und in den Vororten finde ich neue, ausgedehnte Industriewerke. Olsztyn hat eine landwirtschaftliche Hochschule, zwei Theater und ein in ganz Polen bekanntes Symphonieorchester. Im Schloß residiert das Masurische Museum.

Wie damals fahre ich wieder kreuz und quer durch das Land. Die Straßen sind Schneisen der Einsamkeit, und der Asphalt stammt oft noch aus deutscher Zeit. Geblieben ist auch der seitliche Sommerweg — ostpreußischer Sand, in dem die Hufe der Pferde festen Halt fanden. Die Polen haben diese Tradition übernommen. Ihre Pferde vor den gummibereiften Ackerwagen lassen sie am liebsten neben der Asphaltpiste trotten.

Der Verkehr ist gering. Auf Nebenstraßen begegnet mir bisweilen zwanzig Minuten lang kein Fahrzeug. Manchmal blinkt mich ein Auto schon von ferne an, und das am hellichten Tag. Ein deutscher Wagen kommt entgegen, und der Fahrer will nichts weiter als dem unbekannten Landsmann ein „Guten Tag“ signalisieren. Ich antworte dann genauso und drücke auf die Hupe. Solche flüchtigen Grüße tausche ich auch mit Touristen aus der DDR. Hier gibt es offenbar die deutsche Teilung nicht — wie tröstlich!

Natürlich wurden die deutschen Städtenamen schon gleich nach 1945 ausgelöscht. Die polnischen sagen mir nichts. Fast überall sind in den deformierten Zentren der kleinen Orte neue Wohnhäuser errichtet, zum Glück nirgends Hochhäuser, aber doch sehr simpel und uniform, wie in Polen allerorts üblich. Vermutlich wurde die erschreckende Einfallslosigkeit von den minimalen Geldmitteln diktiert, die für Ostpreußen nach dem Kriege zur Verfügung standen.

So sind einstige Kleinstadtreservate seltsam gesichtslos geworden. Die neuen Wohnsilos schlagen keine symbolischen Brücken zur Vergangenheit. Unübersehbar aber das Bemühen, die Gegenwart mit fröhlichen Farben zu verschönern. Aus einstigen Marktplätzen mit preußischem Kopfsteinpflaster wurden hübsche Gartenanlagen, liebevoll gepflegt und mit vielen Bänken. Bartenstein (Bartoszyce) und Sensburg (Mragowo), Lötzen (Gizycko) und Lyck (Elk) — deutsche Backsteinromantik polnisch übertüncht. Die Vergangenheit ist tot. Ostpreußens Städte sind heute erst wenig mehr als vierzig Jahre alt. Polnische Städte. Und doch — was das Jahr Null in Ostpreußens Geschichte überstanden hat, wirkt immer noch seltsam vertraut.

In Rössel, das die neuen Bewohner Reszel nennen und beinahe ebenso aussprechen wie ihre Vorgänger, bin ich an einem Sonntagvormittag. Die alten Gassen strahlen feierliche Stille aus. Vor der verwitterten Burg hat ein Maler seine Staffelei aufgebaut. Ein paar Neugierige blicken ihm schüchtern über die Schulter. Aber der Meister im schlohweißen Haar läßt sich nicht stören. Im Innern der Burg, die der polnische Reiseführer als Bischofspalast aus dem 14. und 16. Jahrhundert bezeichnet, finde ich hübsch eingerichtete Versammlungsräume. Rustikale Holzmöbel inmitten weiß gestrichener Mauern. Eine katholische Schwester führt eine Reisegruppe aus Kattowitz.

Dann weht der Sommerwind auf einmal Orgelmusik durch die weit geöffneten Fenster. In der nahen Kirche beginnt die Sonntagsmesse. Das Gotteshaus muß wohl — wie vierzig Prozent von Rössel — zerstört gewesen sein. Das neue Dach ist nicht ganz so hoch wie das alte, man sieht es an den Giebeln. Im Innern drängen sich die Menschen, jeder Platz ist besetzt. Die Gläubigen stehen noch im Portal und bis weit auf die Straße hinaus, darunter auffällig viele junge Menschen und sogar kleine Mädchen mit weißen Schleifen im Blondhaar. Andächtig lauschen sie der Orgel. Eine so kleine Stadt und eine so große Kirche — aber sie kann die Menge der Gläubigen nicht fassen.

*

Dann bin ich in Pieniezno, das einst Mehlsack hieß. Ein Städtchen unweit des Frischen Haffs — heute vermutlich immer noch die am meisten zerstörte Stadt Ostpreußens.

Die Trümmer wurden beseitigt. Aber sonst hat sich in Jahrzehnten nicht viel geregt. Die holprigen Straßen sind nur noch Trampelpfade durch Unkrautflächen. Die Lupinen sprießen ringsherum wie ein blühender Teppich über dem Chaos. Dazwischen grasen Kühe und Schafe, fressen sich über die Trampelpfade und auch über die Sieldeckel, auf denen der Name einer einst renommierten Königsberger Firma prangt. Hier wurde deutsches Sprachgut übersehen — Nachlässigkeit bei der Polonisierung...

Mitten im untergegangenen Mehlsack stoppt plötzlich ein Taxi. Einziger Fahrgast ist ein gebürtiger Mehlsacker, heute bei Bremen zu Hause. Er hat sich von seiner Reisegruppe, die in Heilsberg (Lidsbark Warminski) einquartiert ist, abgesetzt, um längst Vergangenem nachzuspüren. Mit schleppenden Schritten umrundet er die Ruine des einstigen Rathauses und schüttelt immer wieder den Kopf, als begreife er nicht, was er sieht. Die Erinnerung übermant ihn: „Dort neben der hohen Eiche stand mein Elternhaus. Und hier wohnte der Zahnarzt, und dahinten, wo die Kuh grast, war einmal die Kneipe, in der ich heimlich mein erstes Bier trank. Von alledem ist nichts mehr da, nicht die kleinste Spur..."

Die Reminiszenzen haben Konturen, aber der Blick zurück geht ins Leere. Der Taxifahrer lächelt verständnisvoll. Er versteht kein Deutsch. Aber er begreift, daß sich hier ein Mensch seinen jahrelang aufgespeicherten Wunsch erfüllt.

Das Verlorene wiedersehen, auch wenn die Konfrontation mit Unabänderlichem bitter schmeckt. Darum geht es den Deutschen, die aus der Bundesrepublik — und auch aus der DDR — die beschwerliche Reise nach Ostpreußen wagen, tausend und mehr Kilometer vom neuen Wohnort entfernt — per Bahn, mit Bussen, meistens jedoch mit eigenen Wagen. Das sind keine Revanchisten, die das Rad der Geschichte zurückdrehen wollen. Aber sie möchten den bislang fehlenden Schlußpunkt hinter leidvolle Kapitel ihres Lebens setzen.

Eine Tür schlägt zu — vielleicht für immer. Heimwehtouristen nennen sie manche Polen ein wenig spöttisch. Aber die Mehrzahl der neuen Bewohner, so scheint es, toleriert und versteht die sehr persönlichen Wünsche der Besucher. Bei Bartenstein treffe ich einen weißhaarigen ostpreußischen Bauern mit seinem Sohn. Im Volkswagen kamen sie aus Bargteheide bei Hamburg, wo sie jetzt wohnen. Natürlich fahren sie zu ihrem alten Hof. Die polnische Familie ist zunächst reserviert. Mißtrauisch versucht man in den Gesichtern der Besucher zu forschen: Was treibt sie hierher? Aber dann bricht das Eis. Die Polen nehmen die beiden Deutschen freundlich auf. Alles dürfen sie sich ansehen. Niemand verwehrt ihnen den Weg durchs Haus. Aber an früher erinnert nichts mehr.

Abends im Hotel Warminski berichtet der Bauer: „Der polnische Besitzer hatte schon ein paar Vorgänger, die alles mitnahmen, was nicht niet- und nagelfest war. Sogar meine Badewanne, die ich kurz vor dem Krieg angeschafft hatte, wurde gestohlen. Sie müssen wissen, ein Badezimmer war damals etwas Besonderes in ostpreußischen Dörfern. Ich erfüllte mir den Luxus — alles in Eigenarbeit. Der heutige Besitzer versucht, das Beste aus dem Hof zu machen. Einer Genossenschaft gehört er nicht an. Er meint jedoch, die Schwierigkeiten mit Ersatzteilen würden ihn früher oder später doch in eine Genossenschaft zwingen. Aber der Mann ist gelernter Taxifahrer und versteht nicht viel von Landwirtschaft. Trotzdem, seine fünf Rinder sind gut in Form. Tief getroffen hat mich allerdings, daß heute in unserer guten Stube die Hühner gackern ..."

Tags darauf fährt er wieder zu dem Polen, den Koffer voller Geschenke. Man schließt Freundschaft. Im nächsten Jahr, so radebrecht der Pole, solle sein deutscher Freund unbedingt wiederkommen, zu Besuch. Der stimmt zu: „Das mach ich, ganz bestimmt." Und das ist auch so gemeint. Er wird mit seinem Sohn wieder die weite Reise wagen und seinem polnischen Freund Nützliches mitbringen. Aber deswegen allein, so bekennt er, will er nicht kommen. Er hat nur einfach Sehnsucht nach dem weiten, stillen Land.

*

Ich höre im Hotel von ähnlichen Begegnungen. Da stehen die Deutschen vor ihren einstigen Häusern und sind unschlüssig, was sie tun sollen — hineingehen oder nicht? Aber dann fassen sie sich ein Herz und klopfen an Türen, hinter denen sie viele Jahre gelebt haben. Die Bewohner reagieren ablehnend und abwartend — bis sie verstanden haben, daß die Deutschen nichts anderes wollen, als in Erinnerungen zu stöbern. Ein Tischlermeister aus Schleswig-Holstein hat sich seine Wünsche vor der Reise von einem Dolmetscher ins Polnische übersetzen lassen. Er zeigt mir den Zettel: „Ich war hier einmal zu Hause, bitte, lassen Sie mich noch einmal durch die Zimmer gehen."

Einer älteren Lehrerin, die aus Wartenburg (Barczewo) stammt, fehlt einfach der Mut. Bis nach Allenstein ist sie nun gefahren, voller Hoffnung und Erwartung. Aber das viele Fremde hat sie verzagen lassen. Sie will nicht nach Wartenburg, weil sie böse Komplikationen befürchtet. „Machen wir's doch zusammen“, empfehle ich. Sie nickt schüchtern. Sie weiß nur, daß ihr Elternhaus noch stehen soll — mehr nicht.

Wartenburg sieht nicht besser aus als die anderen Kleinstädte. Die Hauptstraße führt um den Ort herum. Also biegen wir ab und stellen den Wagen auf dem Marktplatz. Das Haus in einer Seitenstraße steht tatsächlich. Auf unser Klopfen öffnet jedoch niemand. Die Tür ist verschlossen. Eine Nachbarin erscheint und macht uns mit Gebärden klar, daß das Haus seit kurzem leerstünde. Mehr weiß sie auch nicht.

Wir blicken durch die schmutzigen Fenster. Dort stehen ein paar zerschlissene Möbel. Traurig schüttelt die Lehrerin den Kopf: „Da ist nichts mehr von früher.“ Nur die Haustür, wurmstichig und unansehnlich, das sei die alte Tür. Unbewußt streicht sie über das Holz, liebkost den Türgriff, steckt den kleinen Finger ins Schlüsselloch, wie sie es vielleicht als kleines Kind getan hat. Ihr Blick tastet die Fassade ab, die zerbröckelten Gesimse. Auf dem Dach hocken Tauben und gurren melancholisch. Jetzt erst schlägt bei dieser Frau die Tür zum Gestern zu.

Begegnungen im Land der Vorfahren. Sie bleiben, soweit mir bekannt, ohne nachhaltigen Mißklang. Taktgefühl und Verständnis schlagen Brücken von Mensch zu Mensch. Irgend jemand findet sich meistens, der ein paar Worte Deutsch versteht. So gelingt der zaghafte Kontakt zwischen Deutschen und

Polen. Dieser oder jener hat aus Deutschland Geschenke mitgebracht, ohne eigentlich zu wissen, für wen sie bestimmt sein werden. Kleine Aufmerksamkeiten, die sichtbar machen sollen, daß man als Freund kommt. Da und dort reagieren polnische Familien spontan mit Einladungen zum Essen — oder mit einem Strauß bunter Blumen aus dem Garten.

Sensburg, jetzt Mragowo. Das reizvolle Kleinstadt-Antlitz blieb nahezu unverändert. In den Parkanlagen am Juno-See, der seinen alten Namen übrigens behalten durfte, stehen frisch gestrichene Bänke. Das Städtchen hat heute etwa 13 500 Einwohner, darunter noch viele Deutsche. Ich würde gern mit einem sprechen. Aber ich habe kein Glück.

Ein Hamburger Kollege, gebürtiger Sensburger, gab mir einen Zettel mit einer Straßenskizze mit: „Versuch' mal, ob du das Haus findest. Dort habe ich glückliche Kinderjahre verbracht. Mit einem Foto würdest du mir eine Riesenfreude machen." Schließlich stehe ich vor einem zweistöckigen Haus, das es der Zeichnung nach sein müßte. Mein Wagen erregt Aufmerksamkeit. Hinter jedem Fenster tauchen mindestens zwei Köpfe auf. Man mustert mich neugierig und wohl auch skeptisch. Was will der Deutsche in Mragowo? Nun, ich gehe um das Haus herum und fotografiere es von allen Seiten. Im Treppenhaus riecht es nach Kohl. Kinder starren mich an. Ich frage sie irgend etwas auf deutsch. Aber sie schütteln die Köpfe und lachen.

Ein kleines Mädchen mit blauen Augen streckt mir spontan die schmale Hand entgegen. Ein Kind, eine polnische Sensburgerin, sagt Guten Tag. Ich streiche behutsam über den Blondschopf. Plötzlich öffnet sich eine Tür, und eine Frau, wohl die Mutter, zieht die Kleine zurück. Aber sie sagt nichts. Es spricht überhaupt niemand etwas. Was mögen die Menschen denken?

Nur ein Bild zur Erinnerung. Den Wunsch versuche ich auch in Deutsch-Eylau (Ilawa) zu erfüllen. Eine geschlagene Stunde fahre ich durch die Straßen, halte an, steige aus, frage Passanten, die mich nicht verstehen. Ein Milizmann beginnt sich schon für mich zu interessieren. Aber die Hausecke, die ich im Foto festhalten soll, gibt es nicht. Ist dies überhaupt Deutsch-Eylau? Ich werde unsicher. Natürlich, da sind ja die beiden Bahnhöfe, an verschiedenen Stellen der Stadt. Auch Kirche und Pastorat sind nicht zu übersehen. Sonst jedoch stimmt nichts mehr.

Später erfahre ich, daß Deutsch-Eylau im Winter 1945 kurz nach der Besetzung von russischen Soldaten angezündet wurde und zu gut 80 Prozent abbrannte. Diese Angaben stammen aus polnischen Quellen. Das jetzige Ilawa hat in seinem Zentrum einen völlig neuen Grundriß. Die einstige Bahnhofstraße ist auch nicht mehr in Andeutungen vorhanden. Dafür hat der Wiederaufbau einen beachtlichen Umfang, der weit über vergleichbare Orte hinausgeht. Besonders viel Mühe gibt man sich offenbar mit den Parks am Geserichsee. Dort dümpeln weiße Ausflugsschiffe auf den Wellen. Wie früher fahren sie die Touristen durch einsame Seen und schmale Kanäle nach Osterode (Ostroda) und sogar bis nach Elbing (Elblag). Das sind zehn Stunden.

Den Kanal mit seinen berühmten schiefen Ebenen — ihn gibt es noch. Die nur etwa vier Meter breiten, jedoch ziemlich langen Fahrgastschiffe werden am Fuß der Ebenen auf eine Art Unterwasser-Eisenbahnwagen bugsiert und an Stahlseilen über die sanft geneigte „Strecke“ zwanzig Meter höher gehievt. Eine solche Verladung beobachte ich bei Christburg (Dzierzgon). Während der Schiffsreise über Land steigen die Fahrgäste aus, setzen sich ins Gras und sehen dem Schauspiel zu.

Ein hochgewachsener Mann mit zwei Jungen fällt mir auf. Seine Kleidung verrät ihn als Westdeutschen oder Schweden. Ich spreche ihn an — es ist ein Deutscher. Aber er unterhält sich auch in perfektem Polnisch mit anderen Passagieren. Er lächelt über mein ungläubiges Gesicht: „Wie viele andere Deutsche trieb mich Heimweh nach Ostpreußen zurück.“

Und dies ist die Lebensgeschichte des Mittvierzigers: Im letzten Kriegswinter war seine Familie nicht aus Ortelsburg (Szczytno) geflüchtet. Sie wurde später auch nicht ausgewiesen, jedenfalls nicht in den ersten Nachkriegsjahren. Aber 1958 mußte er dann die Heimat verlassen. In Solingen baute er sich eine neue Existenz auf und heiratete. Aber er konnte Ostpreußen nicht vergessen. Deshalb kam er jetzt im eigenen Wagen zurück, nur auf Besuch. Und seine beiden Buben, in Solingen geboren, brachte er gleich mit: „Sie sollen wissen, wie es in meiner Heimat aussieht.“ Er sagt „Heimat“ und spricht nicht über die Jahre von 1945 bis 1958. Er wohnt bei Verwandten im Gebiet von Neidenburg (Nidzica), die seit Jahren auf die Ausreise im Rahmen der Familienzusammenführung warten. „Alle nahmen mich nett auf, auch die polnischen Nachbarn, die mich noch von früher kennen. Jeden Abend bin ich irgendwo eingeladen.“

Das ist kein Einzelfall. Zurückgebliebene deutsche Familien haben Besuch aus der Bundesrepublik. Dabei werden natürlich auch Geschenke verteilt — willkommene Hilfe für Menschen, die keine Vorstellung vom Lebensstandard im Westen haben. Dieser oder jener war vielleicht mal in der DDR. Er schwärmt von der Warenfülle in Ostberlin. Für ihn ist das der „goldene Westen". Aber die Neigung, in die DDR umzusiedeln, ist dennoch gering. Das wäre sicherlich einfacher als die Ausreise in die Bundesrepublik. Die politischen Verhältnisse im östlichen deutschen Teilstaat sind jedoch für Menschen, die polnische Freizügigkeit mit vergleichsweise geringen politischen Pressionen kennen, nicht sonderlich attraktiv. Da nimmt man dann schon lieber den — im Vergleich zur DDR — niedrigeren Lebensstandard in Kauf.

*

Bei Angerburg (Wegorzewo) habe ich mit einem masurischen Bauern ein Gespräch, das mich nachdenklich macht. Jahrelang bemühte er sich um die Ausreise in den Westen. Aber alle Anträge wurden abgelehnt. Im breiten Ostpreußisch, wie man es im Westen kaum noch hört, erzählt er: „Die vielen Jahre seit 1945 waren wir im Dorf ganz allein auf uns angewiesen. Eine bitterböse Zeit, besonders die ersten Jahre nach dem Krieg. Was wir das durchlitten haben, das wissen nur die, die dabei waren. Aber seit etwa fünf Jahren hat sich manches bei uns gebessert. Und jetzt erwarten wir Besuch von meinem Bruder aus Hannover. Wir zählen schon die Stunden, bis er mit seinem Auto bei uns vorfährt."

Dieser Bauer fühlt sich heute nicht mehr so vergessen in fremd gewordener Heimat. Und der neu geknüpfte Kontakt zu seiner Familie im Westen hat auch schon einen Entschluß reifen lassen: „Jahrelang wollte ich weg von hier. Aber es ist wohl zu spät. Ich weiß, bei euch im Westen herrscht Arbeitslosigkeit, und die Mieten sind hoch. Ich mache mir da gar nichts vor. Ich würde in Deutschland den Anschluß nicht mehr finden. Es ist besser, wenn ich hierbleibe. Ich will mich nun nicht mehr um die Ausreise bemühen..."

Ein Deutscher, der sich jahrelang mit heißem Herzen nach Deutschland gesehnt hat, nimmt für immer Abschied von Deutschland. Er sagt „Deutschland", obgleich Ostpreußen doch auch Deutschland war. Aber heute ist es Polen — und niemand weiß das besser als jene Deutschen, die zurückgeblieben sind.

Umsiedeln oder nicht — darum dreht sich spätestens nach fünf Minuten das Gespräch, das ich mit deutschen Bewohnern Ostpreußens führe. Versucht haben es fast alle, als man in Polen Anträge auf Familienzusammenführung stellen konnte. Man wollte endlich „nach Deutschland", um wieder mit Deutschen Wand an Wand zu leben. Inzwischen hat sich der Konjunkturrückgang im Westen, die Unsicherheit des Arbeitsplatzes, das Ansteigen der Preise bis in die abgelegensten Dörfer Polens, wo heute Deutsche wohnen, herumgesprochen. Die polnischen Zeitungen greifen das Thema begierig auf und zeichnen die Situation im Westen schwärzer, als sie tatsächlich ist. Mehr als zwei Millionen Arbeitslose in der Bundesrepublik, über Radio und Fernsehen immer wieder ausgestrahlt, war für unzählige Deutsche ein

Schock, der ihren Ausreiseentschluß nachhaltig beeinflußt hat.

Heute zeichnet sich ein spürbarer Meinungsumschwung ab, wie mir von Deutschen und Polen bestätigt wird. Ein deutscher Fischer, der ein blitzsauberes Haus an einem traumhaft schönen See Masurens unweit von Johannisburg (Pisz) hat, sagt es so: „Hier wohne ich immer noch auf eigener Scholle. Daran wird sich auch vermutlich nichts ändern. Die Fische bringen zwar nicht viel Geld, aber ich kann davon leben. Und große Ansprüche habe ich nicht. Warum sollte ich das wohl aufgeben? Ich habe einen Bruder an der Nordseeküste. Aber aufnehmen kann der mich nicht. Ich müßte also mit meiner Familie zunächst irgendwo ins Lager und dann einen neuen Beruf lernen. Ich müßte ganz von vorn anfangen — in einer Welt, die mir fremd ist. Nein, da bleibe ich lieber hier. Die paar Jahre, die ich noch habe ...“

Anders liegt der Fall für einen Handwerker aus Osterode (Ostroda), der — wie er sagt — nicht schlecht verdient: „Die Schwierigkeiten beim Einleben in Westdeutschland sprechen sich hier herum. Natürlich dämpft das die Bemühungen, Polen zu verlassen — schließlich weiß niemand, was die Umsiedler bei euch im Westen erwartet. Nur Eltern mit kleinen Kindern wollen unter allen Umständen weg.

Sehen Sie mich an. Meine beiden Jungen, sieben und neun Jahre alt, werden bald endgültig Polen geworden sein. Denn deutsche Schulen gibt es hier nicht. Deutsche Zeitungen sind auch nicht zu haben, nicht einmal das ‚Neue Deutschland‘ aus der DDR. Meine Kinder können schon jetzt nur noch gebrochen Deutsch. Mit ihren gleichaltrigen Freunden reden sie natürlich polnisch. Und ich spüre immer deutlicher, daß sich meine Jungen schon wie Polen fühlen. Wenn sie erwachsen sind, müssen sie in der polnischen Armee dienen. Dann ist sowieso alles zu spät. Schon heute ist Deutschland für sie ein fernes, fremdes Land, das ihnen überhaupt nichts bedeutet. Wenn ich will, daß meine Kinder Deutsche bleiben, dann muß ich nach Deutschland. Ich werde also weiter um die Ausreise kämpfen."

Quälende Sorgen eines Vaters. Die Angst um die Zukunft seiner Kinder läßt ihn nachts keinen Schlaf finden. Er hat nichts gegen die Polen, im Gegenteil, er kommt gut mit ihnen aus. Mit manchen ist er befreundet. Aber er will, daß seine Kinder Deutsche bleiben. Genau dies ist einer der Gründe, die deutsche Familien in Polen immer wieder in den Kampf um die Fahrkarte nach Friedland zwingt. Oft nehmen sie finanzielle Einbußen und andere Nachteile in Kauf, weil sie an ihre Kinder denken.

Wieviel besser haben es da die Volksdeutschen in Rumänien und Ungarn, ja sogar in der Sowjetunion. Sie sind dort als Minderheit anerkannt — mit vielen Privilegien, die der Erhaltung des Volkstums dienen. Im siebenbürgischen Hermannstadt (Sibiu) kenne ich eine deutsche Familie, für die keine Gefahr besteht, rumänisiert zu werden. Sie hat deutsche Schulen und Theater, deutsche Zeitungen und Bibliotheken, sogar deutsche Radiosendungen des örtlichen Rundfunks.

Polen jedoch ignoriert seine große deutsche Minderheit. Einige hunderttausend Deutsche sind nach Warschauer Sprachregelung einfach nicht existent. Deshalb gibt es zwischen Warschau und Bonn auch grundlegende Meinungsverschiedenheiten über die genaue Zahl von Ausreisewilligen. Wider besseres Wissen negiert Polen die belegbaren Angaben des Deutschen Roten Kreuzes: Etwa 270 000 bis 280 000 Deutsche wollen zu ihren Angehörigen in der Bundesrepublik.

In Guttstadt, das die Polen wortgetreu mit Dobre Miasto übersetzen, habe ich eine Begegnung, die mich innerlich aufwühlt. Auf einer Bank an der Kirche, deren stolzer Turm immer noch weit über das Land weist, obgleich um die Kirche herum nicht viel stehen geblieben ist, setzt sich ein Mann zu mir. Ich schätze sein Alter auf 45 bis 50 Jahre. Er beginnt ein Gespräch in schlechtem Deutsch. Ich denke, er sei ein Pole. Aber er belehrt mich: „Nein, ich bin so deutsch, wie Sie es sind."

Im eisigen Februar 1945, als die Russen stürmten, war er ein kleiner Junge, der noch nicht recht begriff, was der überstürzte Exodus bedeutete. Mit seiner Mutter flüchtete er aus seiner Heimatstadt Insterburg (heute russisch Tschernjahowsk). Sein Vater war bei der Post und mußte bleiben. In Wormditt (Orneta) endete die panische Flucht — die Russen überholten den Treck. Die nächsten Jahre, erzählt der Mann mit stockender Stimme, seien furchtbar gewesen. Von seinem Vater habe er nie wieder gehört. Aber seine Mutter habe alles überstanden, sie lebe immer noch auf einem Dorf in der Nähe, unter ärmlichsten Verhältnissen. Polnisch habe sie nicht gelernt, „nur ein paar Wörter, die man zum Leben braucht".

Heute ist der Insterburger mit einer Polin verheiratet und hat zwei Jungen. Verwandte im Westen? Er schüttelt den Kopf. Er kennt niemanden — weder in der DDR noch in der Bundesrepublik. Demnach hat er niemals eine Chance umzusiedeln. Er hat es auch noch niemals versucht. Wo wollte er wohl hin?

Er wirkt sehr verschüchtert, und während er erzählt, sucht er mühsam nach deutschen Ausdrücken. Manches kann er nur polnisch erklären: „Ich bin nie in einer deutschen Schule gewesen. Heute arbeite ich auf dem Bau. Das bringt nicht viel Geld. Aber zum Essen und Trinken reicht es. Meine Mutter sehe ich nur selten, weil ihr Dorf schwer zu erreichen ist. Sie ist sehr, sehr einsam. Manchmal habe ich Sehnsucht, mich mit Deutschen zu unterhalten. Aber es ist ja niemand da. Ich glaube, ich bin selbst schon ein Pole geworden. Mit meiner Frau bin ich glücklich. Aber für die Familie meiner Frau bleibe ich immer ein Deutscher — ein Fremder. Wenn schlecht über Deutschland geredet wird, und wenn es nur ein verlorenes Fußballspiel ist, dann heißt es: Sieh mal, das sind deine Deutschen, deine Brüder..."

Gespräche in Ostpreußen, heute. Sie reflektieren die Problematik: das deutsch-polnische Verhältnis, das Zusammenleben, die unterschiedliche Mentalität, die Hypotheken leidvoller Geschichte. Immer geht es um menschliche Dinge. Dennoch scheint sich das Nebeneinander von Deutschen und Polen endlich zu entkrampfen. Die Schatten der Vergangenheit haben nicht mehr so scharfe Konturen. Das Ende des Tunnels zwischen Nachbarvölkern?

*

Nach acht Tagen im Hotel Warminski haben wir uns eingelebt. Wir fühlen uns schon fast wie zu

Hause. So schnell kann man sich also an Mängel gewöhnen: an den Höllenlärm der Wasserleitung, an die schmutzigen Fenster, an das ständig überfüllte Hotelrestaurant, an die muffige Bedienung. Immerhin sind die Betten gut.

Jeden Morgen derselbe Ärger vor dem Hotelrestaurant. Natürlich möchten die Gäste — es sind ja vorwiegend Westdeutsche — möglichst früh weg, weil sie sich für den Tag eine Menge vorgenommen haben. Aber die Tür wird erst Punkt acht Uhr geöffnet. Das Personal ist schon kurz nach sieben da, döst aber im leeren Speisesaal vor sich hin, weil das Soll die Öffnung erst um acht befiehlt. Dann stürzt sich alles auf die Plätze, und das Kaffeetrinken dauert entsprechend lange, zumal alle Zutaten nach einem bestimmten zeitlichen Ritual serviert werden — erst die Butter, dann die Marmelade, danach Zucker und Salz, schließlich Brot und zuletzt dünner Kaffee. Wer zusätzlich ein Ei wünscht, muß besonders lange warten.

Alle Speisekarten liegen nur in Polnisch aus, nicht mal in Tschechisch oder Schwedisch, wenn man schon die Deutschen bewußt ignorieren will. Einige Kellnerinnen können recht gut deutsch, aber sie tun so, als könnten sie es nicht. So bleibt das Auswählen der Speisen reine Glückssache. Manche Gerichte sind „grade nicht da". Versorgungsengpässe diktieren den Speisezettel.

Nach einer Woche haben wir noch kein einziges Mal Gemüse gehabt, abgesehen von der obligaten Roten Bete. Eines Abends sind alle warmen Gerichte auf der Karte gestrichen — bis auf Fisch. So ißt denn alles Fisch, salzig und voller Gräten, dazu trockene

Kartoffeln. Damit die Sache flüssiger wird, bestelle ich Bier. Aber das polnische Faßbier ist dünn — vielleicht wegen des gewaltigen Konsums, der bei vielen Polen schon morgens beim Frühstück beginnt. Der Wodka hingegen ist hervorragend und sehr preiswert. Leider wird er nur in doppelstöckigen Gläsern ausgeschenkt.

Wir suchen in Allenstein nach anderen Lokalen. Tatsächlich sichten wir ein paar. Aber auch sie sind stets überfüllt und ohne eine Spur von Gemütlichkeit. In einem Lokal am Rande der Altstadt macht eine Band heiße, vor allem laute Jazzmusik. Vergebens fahnden wir nach kleinen Kneipen, wie sie beispielsweise Prag oder Budapest ihren Besuchern bieten.

Die Situation in Allenstein ist typisch für das Reiseland Polen. Speziell für Touristen aus dem Westen gibt es kaum Hotels und Gaststätten. Ausflugslokale an den wichtigsten Durchgangsstraßen fehlen so gut wie ganz. Nach Angaben deutscher Reise-Veranstalter hat ganz Polen noch nicht einmal 100 Hotels mit etwa 20 000 Betten, die westlichen Ansprüchen genügen. Zum Vergleich: Allein Hamburg hat annähernd 18 000 Gästebetten, München sogar 25 000.

Selbstverständlich lassen sich auch in vielen kleinen Orten Hotels ausmachen. Aber sie sind oft in desolatem Zustand und meist besetzt. Andere sind zwar sauber, aber primitiv — wie das Touristenheim im Heilsberger Hohen Tor, wo die Gäste hinter mittelalterlichem Festungsgemäuer in Vierbettzimmern ohne fließend Wasser nächtigen müssen. Dann gibt es aber auch — ein Phänomen für eine Volksdemokratie — private Fremdenheime, die zwar einfach, aber preiswert sind, je Bett schon ab acht Mark für die Nacht. Überdies vermieten in Masuren, an der Ostseeküste und in der Hohen Tatra viele Bauern ihre guten Stuben an Touristen.

Nur: Ich entdecke nirgends Listen der Fremdenheime und Privatquartiere. Man muß sie sich schon selbst suchen. Wenn man Glück hat, gerät man sogar an einen masurischen Bauern, der im Sommer sein eheliches Schlafzimmer für die Fremden räumt. Der Preis ist, wie es heißt, Verhandlungssache. Da der Staat dabei nicht mitmischt, wird man sich schnell einig — und mitgebrachte Geschenke werden lieber genommen als Zloty. In jedem Fall liegt der Preis weit unter dem, was das Warminski kassiert.

Polenreisen sind nun mal ganz anders als etwa Spanien- oder Frankreich-Fahrten. Wir lernen schnell das Improvisieren. Da Lokale weitgehend fehlen, versorgt man sich am besten selbst — wie es die zeltenden Urlauber aus den Oststaaten übrigens auch tun. Die Lebensmittel sind billig. Allerdings ist das Angebot in den Läden erschreckend gering. In einem Allensteiner Selbstbedienungsladen entdecken wir als Gemüse nur Gurken und Tomaten. Am Fleischtresen liegt eine einzige Sorte Wurst aus. „Morgen haben wir mehr", informiert die Verkäuferin. Aber am nächsten Tag bleibt es dennoch bei der Einheitswurst. Sie schmeckt nicht schlecht. Das Brot ist sogar ausgezeichnet.

Weiter kaufen wir Butter, Milch und hervorragende Fruchtsäfte ein. Tagsüber rühre ich keinen Tropfen Alkohol an. Ich möchte nicht mit der Miliz kollidieren. Die ist nämlich nicht zimperlich, wenn sie alkoholisierte Autofahrer aufspürt.

Bilanz der ersten Woche: Fast 2000 Kilometer sind wir auf ostpreußischen Straßen unterwegs gewesen. Das Tanken bringt Probleme, weil es nur wenige Zapfstellen gibt. Ich mache mir zur Regel, grundsätzlich an jeder Tankstelle, die wir passieren, vollzutanken, auch wenn ich nur zehn Liter aufnehmen kann. Die Maschine schluckt den Sprit, ohne zu nageln. Ein Service, wie er an westlichen Tankstellen üblich ist, existiert praktisch nicht. Die Tankwarte sind jedoch rührend hilfsbereit. Aber was sollen sie wohl machen, wenn der Luftkompressor gerade defekt ist? Dreimal helfe ich anderen Fahrern mit meiner Luftpumpe aus. Einem liegengebliebenen Fiat Polski aus Krakau schenke ich zwei Zündkerzen. Der Fahrer ist überglücklich. Er will mir unbedingt 1000 Zloty geben. Ich mache ihm klar, daß ich gern noch mehr geholfen hätte — aber ohne Geld.

*

Einmal kehren wir abends nicht ins Hotel zurück. Wir wollen Ostpreußen hautnah erleben...

Ein weiter, stiller See, umsäumt von hohen Wäldern. Die Sonne blinkt auf dem Wasser, ein lauer Wind fächelt durch das Schilf — ostpreußischer Sommer. Unser Zelt steht an einer Bucht, vier Meter vom Ufer. Abends schläfert mich das Rauschen alter Eichen ein. Beim Hellwerden wecken mich piepsende Wasservögel.

Mein nächster Nachbar wohnt ebenso naturverbunden zwei Buchten weiter, ein Ingenieur mit seiner Familie aus Gleiwitz. Wir begegnen uns beim Wandern durch die Einsamkeit. Trotz Sprachschwierigkeiten entdecken wir sofort gemeinsame Interessen — die grandiose Landschaft fasziniert uns, der zauberhafte Dreiklang Wald, Wasser und Wolken.

Eine ganze Bucht für sich allein. Davon träumen unzählige Urlauber, die sich nach urwüchsiger Natur sehnen, nach dem Baden in glasklaren Gewässern. In Masuren, einem Gebiet fast so groß wie Schleswig-Holstein, finden sie endlose unberührte Wälder und mehr als 2700 Seen, oft durch romantische Kanäle oder Flüsse verbunden. Ein einmaliges Naturparadies, speziell für Paddler. So war es schon immer.

Wir machen unser Schlauchboot flott und rudern hinaus auf den See. Eine sanfte Brise wirft kleine Wellen, die gegen die Bootshaut glucksen. Der Wald am Ufer ist wie eine grüne Wand. Im Schilf stehen Fischreiher, staksen im seichten Wasser. Langsam treiben wir über den See. Wir liegen auf dem Rücken und blinzeln zum Sommergewölk hinauf, träumen mit offenen Augen. Die Stille ist so wohltuend, dämpft die Gedanken. Ich bin auf einmal weit weg, in einem Hotelbett, das immerzu sanft schaukelt. Mein Gesicht brennt und irgend etwas berührt mein Bein. Ich schrecke hoch — ein langer Schwanenhals reckt sich zu uns ins Boot. Ein wilder Schwan sieht nach dem Rechten.

In Masuren, so scheint's, ist die Zeit stehengeblieben. Aber das stimmt nicht. Millionen von Polen entdeckten den herben Reiz dieser Landschaft. In den letzten Jahren kamen auch Tschechen und Slowaken, Ungarn und Rumänen, hauptsächlich jedoch Deutsche, außerdem viele Schweden. Und nun sind auch Westdeutsche da. Sie dürfen zelten, wo sie wollen. Nirgends reglementieren Verbotsschilder oder

Stacheldrähte die Begegnung mit Masuren. Und nirgends wurde bisher auch nur ein Meter Seeufer durch betonierte Ferienburgen oder monströse Privatbungalows verschandelt. In Masuren ist die Natur noch nicht ausverkauft — sie bleibt ein Geschenk für Menschen, die sich nach Einsamkeit sehnen.

Heute wie früher gilt Nikolaiken (Mikolajki) als heimliche Hauptstadt der Seenplatte, ein verträumtes Nest am Wasser, Schnittpunkt mehrerer Motorbootrouten — nach Lötzen (Gizycko), Angerburg (Wegorzewo), Rhein (Ryn), Johannisburg (Pisz) und Rudzanny (Ruciane-Nida). Das sind Tagesausflüge über weite Entfernungen. Zu den Abfahrtzeiten rollen aus allen Himmelsrichtungen Busse an. Reine Glückssache, eine Karte zu ergattern.

Wir haben Glück. In Nikolaiken drängt sich eine Menschentraube vor dem Landesteg. Nur wer schon eine Karte hat, darf an Bord. Wir haben keine. Wir wissen auch nicht, wo man sie kaufen kann. Ein Mann der Besatzung sieht uns, zwinkert uns zu und bahnt uns den Weg aufs Schiff. Zu den Wartenden sagt er laut auf polnisch, daß wir bereits Karten hätten — und leise zu uns im schönsten Ostpreußisch: „Landsleuten muß man doch helfen, nicht wahr?“ Ich möchte ihm gern irgendeine Freude machen. Aber er winkt ab und kassiert nur die wenigen Zloty, die der Ausflug nach Rudzanny hin und zurück je Person kostet.

Ein ganzer Tag auf dem Wasser — und die Sonne ist immer dabei. Unser Schiff hat eine erfreulich leise Maschine — ein recht modernes Schiff, offenbar ein Einheitstyp, speziell für flache Gewässer und schmale Kanäle konstruiert. Die Kommandobrücke läßt sich mittels einer Hydraulik versenken, wegen der niedrigen Brücken und Schleusen. An Deck ist buchstäblich kein Plätzchen mehr frei. Es sind vorwiegend polnische Touristen, viele junge Leute darunter, außerdem einige Ungarn und Tschechen. Ein Prager Ehepaar erzählt mir, daß es jeden Sommer beim Dorf Zgon am Jezioro Mokre zeltet. Zusammen sehen wir auf meiner deutschen Karte nach, wie das Dorf früher hieß: Das war Hirschen am Muckersee, etwa in der Mitte zwischen Ortelsburg und Johannisburg.

„Besuchen Sie uns doch mal auf dem Zeltplatz", fordert uns der Prager auf. Wir verabreden uns für den nächsten Tag.

Unser Schiff macht eine weite Schleife über den Jezioro Sniardwy, den Spirdingsee, den „größten See Polens", wie der Warschauer Reiseführer meldet. Das Ufer im Osten ist nur noch als Strich am Horizont auszumachen. Dann geht es zwei Stunden lang durch den Beldahnsee (Jezioro Beldany), ein langgestrecktes, buchtenreiches Gewässer von traumhafter Schönheit. Am Ufer wird überall gezeltet, sogar auf kleinen Inseln. Rauch steigt auf, man hockt ums Feuer — Picknick unter hundertjährigen Eichen. Paddler sind auf Ferientour, weiße Segelboote kreuzen unsern Kurs. Und über allem strahlt die Sonne. Ein unvergeßlicher Tag unter dem hohen Himmel Masurens.

An diesem Abend schlagen wir unser Zelt auf einem Campingplatz am Westufer des Mauersees auf, nicht weit von Angerburg. Das erste, was ich höre, ist fröhliches Sächsisch: „Gucke mal da, zwee Hamburger!" Ein älterer Mann in Badehosen drückt mir die Hand wie einem alten Bekannten, ein Architekt aus

Leipzig. Dann ein kühles Bad vor Sonnenuntergang. Der Mauersee, heute Jezioro Mamry, hat glasklares Wasser, aber seine Ufer sind fast unbewaldet. Ich finde den Spirdingsee reizvoller.

Neben dem Zeltplatz zweigt ein ziemlich breiter Kanal ab, laut Karte der Kanal Mazurski. „Da fährt kein Schiff mehr", belehrt mich der Leipziger, „nach wenigen Kilometern kreuzt der Kanal die sowjetische Grenze. Dann mündet er zwischen Wehlau und Friedland in die Alle, die wiederum in die Pregel fließt. Sie können also von hier direkt nach Königsberg schwimmen." Er lacht bitter. Wehlau heißt heute Znamiensk und Friedland Prawdinsk. Namen auf einer russischen Landkarte, sonst nichts mehr.

Anderntags besuchen wir das Prager Ehepaar im Dorf Hirschen am Muckersee. Der Zeltplatz, einer von dreihundert insgesamt, ist nicht viel mehr als eine herrliche Wiese voller schäumender Natur am Wasser. Man hat uns schon erwartet: „Haben Sie Lust zum Segeln?" Natürlich. Zwei Männer aus Warschau, die besser Englisch als Deutsch können, haben irgendwo eine große Jolle aufgetrieben. Und so steigen wir ein, sechs Menschen aus drei Ländern, viel zu viel Gewicht für den Nachen. Aber an Gefahr denkt niemand. Der Wind bläht das Segel, und wir sind ziemlich ausgelassen. Über Politik wird nicht gesprochen. Das ist gut so.

Mittags bewundere ich das Organisationstalent eines Fischers von Zgon, eines Polen mit wettergebräuntem Gesicht. Er wohnt in einem uralten schwarzen Holzhaus, wie man es nur noch in Masuren findet. Mit seiner ganzen Familie, vom sechsjährigen Nesthäkchen bis zur gehbehinderten Oma, hat er eine

Art Gastronomiebetrieb aufgezogen. Man sitzt an rohen Holztischen in seiner guten Stube oder vor der Tür unter Obstbäumen. In der Küche wird frischer Fisch beinahe am Fließband gegrillt. Man muß ihn sich dort auf einem Pappteller abholen.

Dazu kann man sich Brot nach Bedarf nehmen. Bestecke gibt es auch, aber natürlich nicht genug. So wird dann eben mit den Händen gefuttert. Die Sache klappt offensichtlich großartig. Unter den Gästen herrscht beste Laune, zumal auch Bier und Wodka in der Küche zu beziehen sind.

Dies merkwürdige Gasthaus, ein blendend funktionierender Familienbetrieb, muß in der ganzen Gegend bekannt sein. Denn von weither kommen die Zelter mit ihren Wagen. Manche kennen sich schon vom täglichen Fischessen. Andere lassen sich riesige Fischrationen einwickeln — man schmaust lieber im eigenen Zelt. Das ist wie eine große Familie. Der Mann aus Prag: „Von so viel Privatwirtschaft können wir in der CSSR nur träumen. Aber wir wollen ja nicht über Politik reden. Hier fragt niemand, woher er kommt und was er von Beruf ist. Hauptsache, er paßt sich an, und es macht ihm Spaß."

*

Masuren im Sommer, Landschaft der Begegnung. Unbeschwerte Ferienfreuden zwischen Wald und Wasser. Die Menschen sind heiter und gelöst. Der allmächtige Staat ist nicht präsent — so scheint es. Wirklich nicht? Es gibt auch andere Bilder.

Fünf Kilometer östlich von Rastenburg (Ketrzyn) nennt das Ortsschild den Namen eines Dorfes: Gierloz. Einer der hunderttausend Orts- und Straßennamen, die sich die Polen in ehemals deutschen Gebieten einfallen ließen. Aber hinter Gierloz steht mehr: die Wolfsschanze, Hitlers einstiges Hauptquartier, eine gigantische Bunkerstadt, während der sowjetischen Winteroffensive Anfang 1945 von abziehenden deutschen Truppen gesprengt.

Heute ist die Wolfsschanze Mittelpunkt polnischen Touristenrummels. Verwitterte Bunkertrümmer unter hohen Fichten, schmale Spalten zwischen meterdicken Klötzen, eingestürzte Kasematten, feuchte Gänge, unterirdische Säle, Hitlers Schlafkatakombe unter sechs Meter Beton — alles gegen Eintritt und mit Fremdenführern, sorgfältig organisiertes Gruselgefühl, kollektive Verachtung des deutschen Faschismus. Wir stolpern auf Trampelpfaden durch die anklagenden Trümmer und hören von polnischen Erklärern: „Das war der Größenwahnsinn der Deutschen. Seht her, und das ist davon geblieben." Es gibt Restaurants, ein Hotel im einstigen Empfangsbunker, nebenan ein Kino, ein Museum, dann Kioske mit Postkarten und Souvenirs. Polen scheut keine Kosten, um die Erinnerung wachzuhalten. So viele Jahre nach dem Ende des Völkermordens.

Busse parken in langer Reihe im Wald bei Rastenburg, in Kolonnen rollen sie an. Sie müssen dabei über ein Eisenbahngleis, auf dem ein paarmal täglich Personenzüge zwischen Rastenburg und Angerburg fahren. Die Lokomotive pfeift jedesmal schon von weitem, um keine Busgesellschaft zu gefährden. In Angerburg ist Endstation. Früher war das ein ländlicher Bahnknotenpunkt. Man konnte mit gemütlichen Bummelzügen weiter nach Treuburg und nach Goldap, über Nordenburg nach Gerdauen, über Angerapp nach Gumbinnen und Insterburg. Alle diese Strecken sind abgebaut. Treuburg (Olecko) und Goldap (Goldap) haben nur noch über Lyck (Elk) Bahnanschluß. Alle anderen Orte liegen im nördlichen Ostpreußen, im Kaliningradskaja Oblast, der heute verwaltungsmäßig nicht zu Litauen, sondern zu Weißrußland gehört. Nach Insterburg und Gumbinnen, jetzt Tschernjahowsk und Gusiew, führt nur noch die russische Breitspur.

Einer der viele Busse, die über die Angerburger Strecke zur Wolfsschanze rollen, hat eine westdeutsche Nummer — Touristen aus der Bundesrepublik. Beim Aussteigen werde ich Zeuge eines Gesprächs mit dem polnischen Reiseleiter. Ein etwa fünfzigjähriger Mann sagt mit lauter Stimme: „Ich lehne es ab, mir diese Stätte zeigen zu lassen. Auf solche Reminiszenzen können wir verzichten." Nicht alle Reisenden sind seiner Meinung. Man debattiert über das Für und Wider einer Besichtigung. Schließlich setzen sich die Gegner durch. Der Pole fügt sich achselzuckend. Dann fährt der Bus weiter, an der Wolfsschanze vorbei.

Dies gehört ebenfalls zum deutsch-polnischen Dialog, auch das, was mir der deutsche Fahrer des Busses erzählt: „Letzte Woche hat man hier auf dem Parkplatz die Reifen eines deutschen Busses zerschnitten." Die Saat gezielter Propaganda geht auf. Gierloz dient gewiß nicht der Völkerverständigung.

Natürlich kann ein Deutscher heute nicht ins polnisch gewordene Ostpreußen fahren, ohne mit der jüngsten leidvollen Geschichte dieser Provinz konfrontiert zu werden.

Das ist immer eine zutiefst politische Reise — auch wenn man nur die Landschaft sucht. Der Besucher begegnet ständig unübersehbaren Akzenten siebenhundertjähriger deutscher Geschichte. Das sind nicht nur mittelalterliche Backsteinbauten, stolze Tore und mächtige Kirchen — das sind auch die Gottesäcker. Die Toten erinnern an die deutsche Zeit.

*

An der Landstraße Alleinstein—Ortelsburg, kurz vor Passenheim (Pasym), auf der rechten Seite: mir fällt der vermoderte Zaun um ein Wäldchen auf. Eine kleine Tür, die beim Öffnen gräßlich quietscht, führt in die Wildnis. Meterhoch sprießt das Unkraut, dazwischen verwitterte Steine und Kreuze. Die Lupinen blühen selten schön; kein Mensch weit und breit. Ich bahne mir einen Weg durch mannshohes Gebüsch, taste mich unter hohen Birken und knorrigen Kiefern voran. Kein Zweifel — das war einmal ein deutscher Friedhof.

Die meisten Grabsteine stehen schief oder sind umgestürzt, die Tafeln zerschlagen, die Steinplatten vermoost. Ich stolpere über gußeiserne Ziergitter. Offenbar hat hier organisierte Zerstörungswut getobt. Den Rest besorgte wuchernde Natur. Aber nicht alles wurde verwüstet. Auf einem erhaltenen Stein lese ich „Hier ruht in Gott Frau Gutsbesitzer Charlotte Henriette Rabenau, geb. Thalmitz, geb. 22. Januar 1828, gest. 21. Oktober 1908“. Eine zweite Tafel daneben besteht nur noch aus Scherben: „Gutsbes... Wilhelm Rabenau, geb. 16 N.... auf Ottilienhof...“ Bald achtzig Jahre liegen die beiden hier, und vierzig davon als Fremde in der Heimat.

Haben sie noch Enkel? Und was wurde aus Ottilienhof? Fragen ohne Antwort. Ich fotografiere das verwilderte Grab.

Dann mache ich eine unerwartete Entdeckung. Mitten im Unkraut stoße ich plötzlich auf ein leidlich gepflegtes Grab. Hier ist nichts mutwillig zerstört, und die Namensplatten sind zweifellos neueren Datums. Ich lese „Ruhestätte der Familie Olschewski", dann links auf schwarzem Untergrund „Helene Olschewski, geb. Buttler, geb. 24. 4. 1895, gest. 15. 2. 1947", rechts davon „Heinrich Olschewski, geb. 2. 3. 1888, gest. 3. 8. 1962" und in der Mitte „Zum Gedächtnis an unseren gefallenen Sohn, meinen lieben Bruder Erich Olschewski, geb. 21. 1. 1915, gest. 9. 2. 1942". Vor dem Stein stecken Blumen in einem Einmachglas. Aber sie sind längst verwelkt.

Der auffallend breite Grabstein auf diesem verwüsteten Gottesacker bei Passenheim verrät das Schicksal einer ostpreußischen Familie. Vater und Mutter sind nach dem Krieg gestorben, die Mutter 1947, der Vater erst 1962. Der Sohn ist gefallen, vermutlich als Soldat der Wehrmacht. Jemand muß den schweren Grabstein unter polnischer Besetzung in Auftrag gegeben haben, wobei er die deutsche Sprache wählte. Das ist ungewöhnlich. Und auch jetzt noch, so scheint es, kommt in unregelmäßigen Abständen jemand, um das Grab zu pflegen.

Ein paar frische Blumen für Familie Olschewski — aus polnischer Hand? Oder leben noch Verwandte in der Nähe? Das Grab gibt sein Geheimnis nicht preis. Vielleicht schicken auch Angehörige der Olschewskis aus dem Westen Geld an eine polnische Familie, damit sie nach dem Rechten sieht. Von solchen Verbindungen, sehr menschlichen Kontakten, habe ich gehört. Es gibt genug Polen, die den Herzenswunsch einstiger Bewohner nicht ablehnen, nur weil sie Deutsche sind. Auch hier schlägt die Menschlichkeit Brücken...

*

Einen ganzen Tag lang bin ich entlang der sowjetischen Grenze unterwegs. Von Lötzen (Gizycko), das jetzt neben einer herrlichen Promenade am Löwentinsee auch wieder einen großen Jachthafen hat, steuere ich zunächst nordöstlich nach Angerburg, dann nordwestlich über Drengfurth (Srokowo) nach Barten (Barciany). Bis Gerdauen waren es einst wohl nur noch zwanzig Autominuten. Aber Gerdauen, hart nördlich der Grenze, ist russisch und heißt Zeleznodoroznij. Aber nach Schippenbeil (Sepopol) kann ich und auch nach Korschen (Korsze), das immer noch Kreuzungspunkt von vier Bahnlinien ist. Das Stellwerk zeigt Spuren von Artilleriebeschuß, als sei der Krieg erst vor ein paar Wochen zu Ende gegangen. Früher gab es hier Züge nach Königsberg. Heute endet die Strecke im Dorf Skandau (Skandowo), drei Kilometer südlich der Grenze. Die Straßen werden immer schlechter. Nördlich von Bartenstein sind sie kurvenreich und haben preußisches Kopfsteinpflaster. Hinter Landsberg (Gorowo Ilaweckie) wird die Gegend noch einsamer.

Polnische Soldaten sehe ich nirgends, auch sonst nichts, was auf die Nähe der Grenze deutet, nur gelegentlich das Wort „Granisza" (Grenze) unter einem Straßenschild. Was mich entsetzt, ist die Verwahrlosung mancher Dörfer. Viele Gehöfte haben im

Giebelgeschoß keine Fenster mehr, Scheunen sind zusammengefallen. Und die Felder: viele sind schlecht bestellt, manche überhaupt nicht. Moderne Erntemaschinen fehlen — die Bauern mähen ihre Felder wie vor hundert Jahren mit der Sense, aber eben nur so viel, wie sie brauchen. Eine gottverlassene Gegend mit deprimierenden Bildern, wie man sie sonst kaum im heutigen Ostpreußen entdeckt. Touristen verirren sich denn auch nur selten in dies grenznahe Gebiet.

Meine Frau und ich haben ein Problem. Die Mutter meiner Frau stammt aus dem Dorf Mollwitten südlich von Preußisch Eylau, das heute russisch ist. Als Kind war meine Frau oft bei ihren Großeltern zu Besuch, zuletzt im Herbst 1944. Ob Mollwitten noch polnisch ist? Oder schon russisch? Keine polnische Karte kann uns die Frage beantworten. Also machen wir eine Probe aufs Exempel. Kurz vor Preußisch Eylau: der letzte Wegweiser vor der Grenze zeigt nach rechts „Moldity“. Das muß es sein. Ein Feldweg zu ein paar Häusern. Man starrt uns an, als kämen wir vom Mond. Meine Frau sucht das Haus ihrer Großeltern. Es ist nicht mehr da — oder die Erinnerung versagt. Wir kehren um. Moldity bleibt zurück, ein Alptraum der Hoffnungslosigkeit, nur vierhundert Meter vor der russischen Grenze.

*

Die einstige Autobahn Elbing—Königsberg: eine tote Piste in der Landschaft, mehr nicht. Es kommt kein Wagen, kein Gespann, kein Radfahrer. Es kommt überhaupt nichts. Zwischen den Betonplatten wuchert Gras. Schütteres Moos kriecht über die Fahrbahn, jedes Jahr ein paar Zentimeter weiter. Manche polnischen Landkarten verzeichnen diese Autobahn gar nicht. Man entdeckt auch in den Dörfern rechts und links keinerlei Hinweise auf die einstige Schnellstraße nach Königsberg. Ich überquere sie bei Eisenberg, heute Zelasna Gora, dem nördlichsten Dorf, das an der 99 Kilometer langen Autobahn noch zu Polen gehört — genau 50 Kilometer vor Königsberg. Eine gute halbe Autostunde, dann müßten die ersten Häuser von Königsberg auftauchen. Aber das ist vier Jahrzehnte nach Ostpreußens Stunde Null nur noch aberwitzige Gedankenspielerei.

Aus Braunsberg wurde Braniewo und aus dem Stadtflüßchen Passarge eine Pasielka. Braunsberg erholt sich nur mühsam von den vernichtenden Kriegszerstörungen. Fast zwei Monate lang krallten sich im Winter 1945 deutsche Soldaten in die steinhart gefrorene Erde um Braunsberg.

Granaten und Bomben zerpflügen die Stadt, löschten das Zentrum aus. Die Schlacht um Braunsberg und Heiligenbeil war für die deutsche Seite eine der blutigsten des Zweiten Weltkriegs. Die Katharinenkirche ist immer noch eine zerfetzte Ruine. Nichts hat sich seit 1965 geändert, als ich zum letzten Mal Braunsberg sah.

Auf polnischen Karten endet hier die Eisenbahnstrecke nach Königsberg. Aber auch nördlich von Braunsberg existieren, wie ich mich überzeuge, nach wie vor zwei Gleise, und ihr Zustand läßt darauf schließen, daß sie häufig benutzt werden. Sie überqueren tatsächlich die Grenze nach Heiligenbeil, das die Russen in Mamonowo umtauften.

Dort muß es eine Umspurungsanlage geben, damit Wagen der russischen Breitspur auf der einstigen Königsberg—Elbinger Strecke nach Polen rollen können. Die Bestätigung meiner Vermutung erhalte ich im Braunsberger Bahnhof: Dort sind einige Güterwagen und auch Schnellzugwagen der sowjetischen Staatsbahn abgestellt. Sie haben statt der in Deutschland und Polen üblichen Puffer die russische Klauenkupplung. Aber offiziell, wie gesagt, gibt es diesen Bahnübergang nicht. Seine Existenz ist nicht einmal den Experten der Deutschen Bundesbahn bekannt.

Elbing (Elblag) weckt bei meiner Frau und mir sehr persönliche Erinnerungen. Im Juni 1965 wurden wir im Bahnhof von polnischen Geheimpolizisten verhaftet, als wir den Bahnsteig fotografierten. Natürlich wollten wir nicht spionieren. Bei den Einzelverhören glaubte man uns anfangs nicht den wahren Grund für die Aufnahmen: Meine Frau hatte als zehnjähriges Kind im Elbinger Bahnhof ihre Mutter verloren. Das war während der Flucht am 23. Januar 1945. An jenem frostklirrenden Wintertag stießen sowjetische Panzer überraschend bis ins Stadtinnere von Elbing vor und schossen in Wohnviertel. Die Folge war eine unbeschreibliche Panik auf dem mit Flüchtlingen vollgestopften Bahnhof.

Diese schrecklichen Geschehnisse waren es, die uns 1965 in den Bahnhof führten. Die verhörenden Polizisten ließen sich schließlich durch Tatsachen von der Wahrheit unserer Aussagen überzeugen: durch den Geburtsort meiner Frau und detaillierte Angaben über die Fluchttage. Am Abend jenes Junitages ließ man uns frei. Aber meine Filme, die nach dem Entwickeln im Polizeilabor nichts Anstößiges offenbarten, bekamen wir nicht zurück.

Diesmal sind wir vorsichtiger. Den Fotoapparat lasse ich im Wagen. Es steht auch kein sowjetischer Militärzug mit zugezogenen Gardinen — wie damals — am Bahnsteig. Dennoch werden Erinnerungen wach — nicht an 1965, sondern an 1945, als das Chaos über Elbing hereinbrach und die letzten Züge westwärts rollten. Seinerzeit fand meine Frau erst Monate später ihre Mutter wieder, dank der Hilfe des Deutschen Roten Kreuzes. Das sind Erlebnisse, die ein Mensch niemals vergißt.

Seit der unangenehmen Bekanntschaft mit polnischen Polizisten — man behandelte uns damals auch als verdächtige Spione durchaus korrekt — bin ich beim Fotografieren sehr zurückhaltend. Es könnte nämlich sein, daß zufällig Kasernentore, Soldaten, Brücken, Bahnübergänge oder Tankstellen anvisiert werden. Bei solchen Fotomotiven reagieren Polen bisweilen überempfindlich. Dabei weiß kein Mensch genau — auch nicht die Miliz — was nun eigentlich verboten ist und was nicht. Eine abgelichtete Hausruine, sogar eine schäbige Fassade kann, wie ich aus Erfahrung weiß, schon zur Beschlagnahme des Films und zu langem Palaver führen. Die Russen sind da ungleich toleranter. In Brest-Litowsk ließen sie mich einmal das Umsetzen der Eisenbahnwagen auf Breitspur in allen Einzelheiten filmen. Uniformierte halfen mir sogar noch dabei.

Elbing hinterläßt immer noch ziemlich trostlose Eindrücke. Nach polnischen Angaben sanken während des dreiwöchigen Kampfes um die Festung Elbing 85 Prozent aller Gebäude in Trümmer. Die Innenstadt, einstmals der Lübecker Altstadt ähnlich, brannte gänzlich nieder. Heute sind der Schutt und fast alle Ruinen beseitigt. Eine neue Brücke spannt sich über den Elbingfluß. Hübsche Grünanlagen mit Bänken stecken heute jenen Quadratkilometer ab, auf dem 1945 die Innenstadt unterging. Im Norden Elbings poltert die Straßenbahn durch verwahrloste, übervölkerte Wohnviertel. Im Süden entstanden neue Wohnstraßen, auch einige Hochhäuser. Die Stadt hat heute, wie ein Reiseführer erläutert, 85 000 Einwohner und gilt als wichtiges Industriezentrum.

Für Touristen lohnt Elbing eigentlich keinen Abstecher. Unweit der sorgfältig rekonstruierten Nikolaikirche — die vielen Geschoßeinschläge wurden mit zu hellen Backsteinen geflickt — sind allerdings einige Gebäude im hansischen Stil wiederaufgebaut worden. Vielleicht ist das ein erster Anfang. Genau so begann man 1948 mit der Rekonstruktion der niedergebrannten Danziger Altstadt. Ob auch Elbing eine solche Renaissance zugedacht ist? Ich frage einen Angler am Kai. Aber er zuckt die Schultern, er versteht mich nicht ...

*

Abenddämmerung, Möwenrufe und Seewind. An der neuen Mole im nahen Hafen liegt ein weißes Ausflugsschiff. Junge Leute schlendern vorbei. Aus der Ferne weht Musik an mein Ohr — jemand spielt Akkordeon. Irgendwo weit draußen blinken Leuchtfeuer durch das Halbdunkel.

Dies ist nicht Travemünde oder Grömitz an der Ostsee, sondern — tausend Kilometer weiter östlich — Frauenburg am Frischen Haff. Frauenburg heißt heute Frombork. Und was da draußen durch die Dämmerung blinkt, kann die Ansteuerungsboje von

Kahlberg (Krynica Morska) auf der Frischen Nehrung sein. Auch nach Nordosten blitzt von Zeit zu Zeit ein Licht übers Wasser. Das muß schon jenseits der polnisch-russischen Grenze sein — kurz vor Pillau, heute Baltisk.

Nach Frauenburg am Haff, ein immer noch vom Krieg deformiertes Städtchen mit akkurat restauriertem Copernicus-Dom, zieht es im Sommer viele deutsche Touristen, fast alles Ostpreußen. Beim Wiedersehen mit der alten Heimat suchen sie jenen Ort auf, wo sich vor mehr als vier Jahrzehnten Unbeschreibliches ereignet hat. Damals, am 26. Januar 1945, war die Rote Armee überraschend bis zum Haff bei Tolkemit (Tolkmicko) vorgestoßen und hatte Ostpreußen abgeschnitten. In den Wochen danach hetzten Hunderttausende über das brüchige Eis zur Nehrung, hinter sich den Feuerschein brennender Städte, rechts und links das Krachen detonierender Granaten. Ein Inferno der Vernichtung. Menschen, Tiere und Wagen versanken im Eis. Von Tausenden verlor sich die Spur — für immer.

Heute erinnert nichts mehr an diese ostpreußische Tragödie — bis auf die vielen leeren Plätze in Frauenburg, auf denen einst Häuser standen. Wegen seines Doms ist das Städtchen jetzt Touristenzentrum. Vor dem neuen Restaurant neben einem verwitterten Aussichtsturm steht man Schlange, um einen Platz zu ergattern. Dom und Dom-Museum sind zu besichtigen. In den Pamiatki-Kiosken (Andenken) der Ruch-Organisation liegen Souvenirs vom polnischen Frombork, geschmackvolle Schnitzereien und hübsche Bernsteinketten aus. Dazwischen sehe ich Broschüren, in denen „Mikolaj Kopernik" als polnischer Astronom gefeiert wird. Es stimmt, was da steht: seine dreißig wichtigsten Lebensjahre hat er in diesem Haffstädtchen verbracht. Deshalb, so heißt es in den Broschüren, sei er auch in der gotischen Kathedrale aus dem 14. Jahrhundert beigesetzt worden. In Thorn (Torun) wurde der Gelehrte zwar geboren, in Frombork jedoch wird Polens Copernicus-Kult besonders intensiv gepflegt. Aber ein Hotel hat der Ort nicht. Wo nächtigen nur die vielen Menschen?

Mich zieht es wieder zum Hafen. Dunkel ist es geworden. Von der Mole her werfen die Lampen einen schwachen Lichtschein aufs Wasser. Ich höre die Brandung, monoton und beruhigend. Irgendwo lacht ein Mädchen, jemand erzählt etwas Lustiges, in das Gelächter mischen sich männliche Stimmen. Junge Menschen am Strand des Haffs. Von Tolkemit kriecht eine erleuchtete Wagenschlange heran. Der letzte Zug aus Elbing. Die Lokomotive pfeift gellend durch die Nacht. Endstation ist Braunsberg.

Plötzlich taucht ein älterer Mann auf. Ich sah ihn schon vorhin, als er einem Kölner Wagen entstieg. Er stellt sich zu mir und blickt in die Dunkelheit. „Als junger Mensch“, beginnt er schließlich, „bin ich oft hier gewesen. Ich hatte hier gute Freunde. Frauenburg war so unendlich friedlich, so gemütlich, immer ein bißchen verschlafen. Wissen Sie, das war eine richtige deutsche Kleinstadt. Ich wohnte damals bei Brüsterort an der Samlandküste. Aber hierher zog es mich immer wieder. Dann kam der Krieg und schließlich das entsetzliche Ende.“

Er schweigt lange. Dann spricht er aber doch weiter, langsam und leise, mehr zu sich selbst: „Vergessen

kann man das alles nicht. Aber ich bin nicht hier, um Vergangenem nachzuspüren. Ich will wissen, was heute ist. Und ich habe hier Menschen gefunden, die sich in ihrer — in meiner — Heimat wohlfühlen. Sie lieben dies schöne Land. Viele sind ja auch hier schon geboren. Und das verbindet mich mit ihnen..."
Er will wiederkommen, zu Besuch. Wie tausend andere auch.

*

Die letzte Nacht in Allenstein. Grelle Blitze zucken, Donner grollt, Regen klatscht aufs Pflaster. Ein Sommergewitter mit tropischer Gewalt. Morgens um sechs, als wir im Wagen sitzen, strahlt aber schon wieder die Sonne. Auf das Frühstück müssen wir verzichten, wegen des sturen Rituals, erst um acht den Speisesaal zu öffnen. Wir holen das Frühstück später nach — im einzigen Hotel von Marienburg (Malbork), einem heruntergewirtschafteten Etablissement.

Ich entschließe mich zu einem Abstecher, nordwärts...

Nach einer halben Stunde bin ich an der Weichsel. Die Fähre von Nebelswalde (Mikoszewo) ist ein Unikum. Sie gleitet an einem Stahlseil durch die starke Strömung und wird von einer seitlich vertäuten Barkasse angetrieben. Gefahren wird offenbar immer dann, wenn genug Autos da sind. Das Übersetzen kostet keinen einzigen Zloty.

Das nächste Städtchen hieß einmal Steegen. Daraus wurde Stegna. Nichts Besonderes zu sehen — außer den typischen alten Holzhäusern der Weichselniederung. Dennoch ist Steegen berüchtigt durch die Nachbarschaft von Stutthof, dem einstigen Konzentrationslager. Einige Baracken, Gaskammern und Krematorium stehen noch. Fast 85 000 Menschen wurden hier von 1941 bis 1945 ermordet. Ein schlichtes Monument erinnert an unfaßbare Barbarei. Man kann heute nicht durch diese Gegend fahren, ohne an die schreckliche Vergangenheit erinnert zu werden an das Leid von Deutschen, Polen und vielen anderen Nationen.

Fünfzig Kilometer von Danzig entfernt erreicht die Straße bei Bodenwinkel (Katy Rybacki) die Frische Nehrung. Rechts blinkt das Frische Haff, links nach etwa 600 bis 800 Metern die Ostsee. Die Dünen sind bis zu fünfzig Meter hoch und dicht bewaldet. Sie grenzen an breiten, weißen Strand. Schäumende Brandung, so weit der Blick reicht. Kein Mensch ist zu sehen. Die Einsamkeit wirkt unheimlich, drohend. Das ist die Frische Nehrung heute, ein Teil von Ostpreußens berühmter Bernsteinküste — unweit der polnisch-sowjetischen Grenze. Ein Traumstrand ohne jedes Leben.

Die Asphaltstraße schlängelt sich auf der Haffseite entlang. Am Südufer des Haffs ist deutlich das Hochufer von Tolkemit auszumachen. Größter Ort der Nehrung ist wie früher Kahlberg, ein stilles Fischernest in ewiger Seebrise, einst beliebtes Ausflugsziel der Königsberger.

Aus Kahlberg, ich sagte es schon, wurde Krynica Morska. Polnische Betriebe bauten hier Ferienheime und hölzerne Campinghäuschen. Hotels fehlen, soweit ich feststellen kann. Mehrmals täglich gibt es Schiffsverbindung nach Frauenburg und Elbing. Am winzigen Hafen spricht mich ein alter Fischer mit wettergegerbtem Gesicht auf Deutsch an. Er hat in mir sofort den Westdeutschen erkannt. In Bromberg ist er geboren, irgendwie nach Kahlberg verschlagen. Er scheint zufrieden mit seinem Leben und freut sich, einem Deutschen herzhaft die Hand zu drücken.

Begegnung auf der Nehrung. Anfang 1945 drängten sich hier die Flüchtlinge, nachdem sie die Hölle auf dem zugefrorenen Haff hinter sich hatten. Sowjetische Artillerie hämmerte in die Elendstrecks, Schlachtflieger jagten tausendfachen Tod über die Nehrung. Nichts erinnert heute an die Tragödie.

Ich fahre weiter Richtung Nordosten. Nach zwölf Kilometern endet die Straße in Piaski, dem letzten Dorf Polens. Das muß einmal Neukrug oder Narmeln gewesen sein — heute ein winziges Nest am Ende der Welt. Verwitterte Häuschen aus deutscher Zeit, ein paar schlichte Neubauten und polnische Soldaten mit umgehängter Kalaschnikow. Die russische Grenze ist nur wenige hundert Meter entfernt. Am Strand ein stählerner Wachturm. Keine Straße, kein Trampelpfad führt nach drüben.

Ich klettere auf eine Düne und blicke über das Haff, das die nahe Grenze zum toten Gewässer gemacht hat. Kein weißes Segel, kein Paddelboot — nichts. Dies ist ein Tag mit glasklarer Fernsicht. Drüben, in zehn Kilometer Entfernung, erkenne ich den Copernicus-Turm von Frauenburg, dann weiter nördlich Heiligenbeil, das schon russisch ist und Mamonowo heißt. Richtung Königsberg sehe ich am Horizont das Haffstädtchen Balga, ebenfalls russisch. Königsberg selbst, das sich den Namen Kaliningrad gefallen lassen muß, ist nur zu ahnen. Auch Pillau, keine zwanzig Kilometer von mir weg, ist nicht zu sehen.

Pillau, der sowjetische Marinestützpunkt Baltisk, liegt im Sperrgebiet der UdSSR.

Die polnischen Soldaten beginnen sich für uns zu interessieren. Unser Wagen aus der Bundesrepublik erregt Aufmerksamkeit. Höchste Zeit umzukehren. Nach zwei Kilometern halte ich noch einmal, um den Hauch dieser unvergleichlichen Landschaft zwischen Haff und See zu spüren. Geblieben ist bis heute der herbe Zauber der Nehrung — Sand und Dünen, Stille und Einsamkeit. Im Schilf des Haffs brüten unzählige Wasservögel. Niemand stört sie. Hier nehmen wir Abschied von Ostpreußen...

Die Straße nach Westen, an Dirschau (Tczew) vorbei, ist breit und schnurgerade, fast schon eine Autobahn. Während ich Stunde um Stunde hinter dem Steuer sitze, werden mir die weiten Entfernungen bewußt — und die riesigen Ausmaße jener Gebiete, die Deutschland 1945 verloren hat. Auch Pommern ist nach dem Exodus der deutschen Bevölkerung längst wieder voll besiedelt, aber genau so dünn wie früher. Zwischen den Ortschaften, die sich äußerlich nicht nennenswert verändert haben, liegen manchmal dreißig bis vierzig Kilometer ohne ein einziges Gehöft. Wo haben wir das heute noch im übervölkerten Westen?

Abends in Stettin. Aufs Geratewohl versuche ich im neuen Hotel Arkona, unweit der Oder, ein Doppelzimmer zu belegen. Natürlich ist alles besetzt. Aber die blonde Frau an der Rezeption hat wohl Mitleid mit mir: „Wir haben nur noch Zimmer mit einem einzigen breiten Bett. Das geben wir meistens an zwei Personen ab. Sie werden gut schlafen. Die Zimmer haben auch Bad.“ Also sei's drum — ein breites Bett für zwei. Selbstverständlich muß ich auch für zwei bezahlen, einen gepfefferten Preis für ein einziges Bett. Bei näherer Besichtigung entpuppt sich das angeblich breite als ein ganz normal breites Bett, viel zu schmal für zwei Erwachsene, die müde sind und schlafen wollen.

Aber ich kann ohnehin nicht schlafen. Die Gedanken halten mich hellwach. Da sind wir nun also nach über 4000 Kilometern wieder in Stettin. Früher lag Stettin mitten in Deutschland, weit entfernt von allen Grenzen. Heute ist Szczecin für uns Deutsche eine ausländische Großstadt, und bis zur nächsten deutschen Grenze sind es noch fünfzehn Kilometer, bis zur Grenze der Bundesrepublik sogar 350 Kilometer. So brutal mußte das deutsche Volk für einen verbrecherischen Krieg zahlen. Auf den Straßen der einstigen deutschen Gebiete erkennt man erst die ungeheuren Dimensionen des verlorenen Landes. Und Ostpreußen, weit im Nordosten, ist nur eine jener Provinzen, die aus Deutschland herausgebrochen wurden. Aber darüber wird heute schon nirgends mehr in der Welt ein Wort verloren — das ist längst irreparable Geschichte.

Was bleibt nun von zwei Wochen im heutigen Ostpreußen? Ich ziehe Bilanz: die Erinnerung an Wald und Wasser, an Wiesen und Wolken, an Einsamkeit und Stille, an Mauern und Menschen — vor allem an Menschen, Deutsche und Polen. Begegnungen und Gespräche, Beobachtungen und Erlebnisse formen sich zum plastischen Mosaik einer Landschaft, die auch nach 1945 noch mitten in Europa liegt. Ich bewerte das als ein gutes Omen für die Zukunft — nach allem, was geschehen ist.

Werner Freytag

Begegnung mit der Vergangenheit

Eine Fahrt nach Ostpreußen im Sommer 1985

Unser letzter Urlaub sollte ganz individuell gestaltet werden, nach Ostpreußen ins Land der Väter, in meinem Falle in das der Schwiegereltern.

Wir verließen uns auf die glänzenden Vorbereitungen des Reiseunternehmens Gerhard Rautenberg, Leer, früher in Königsberg ansässig, vor allem aber auf Busfahrer Rudi Klodt, der uns durch Masuren und das Ermland mit seinem Luxus-Liner fahren sollte.

Es ist später Sonntagabend am Skandinavien-Kai in Travemünde. Wir haben eine 20stündige Überfahrt nach Danzig (Gdansk) auf der ROGALIN vor uns. Es ist kurz nach Mitternacht, als wir unsere Kabinen aufsuchen. Die ROGALIN bahnt sich — gleichmäßig stampfend — ihren Weg durch die ruhige Ostsee. Am anderen Morgen, kurz vor acht, stehe ich an Deck, nicht ohne dicken Pullover. Wir sind gerade auf der Höhe der Insel Bornholm. Das Schiff legt etwa 15 Knoten in der Stunde zurück. Schon bald ist die Halbinsel Hela ausgemacht und später Gdingen. Es kann nicht mehr weit sein bis Danzig. Und doch wird es fast 18 Uhr, bis wir im Hafen von Neufahrwasser einlaufen. Im Hintergrund die Silhouette der Lenin-Werft, im Hafen zahlreiche Schiffe, überwiegend Frachter. In riesigen Lettern strahlt uns in grellem Neonlicht PORT GDANSK entgegen. Wir sind in der einstmals Freien Stadt Danzig. Die uns von der polnischen Reise-Agentur, der staatlichen ORBIS, zugeteilte Reiseleiterin, eine ebenso reizende wie resolute Person, führt uns zum Hotel Hevelius. Es ist ein polnisches First-Class-Hotel, das seinen Namen zu Recht verdient, wie wir bald feststellen. Das Abendessen ist reichhaltig, die Bedienung zuvorkommend. Wir sind keine „besonderen" Gäste, kommen aus den unterschiedlichsten Berufsgruppen, vor allem eine ganze Reihe Pensionäre sind dabei. Das Besondere besteht allein in der Tatsache, daß wir „Westler“ sind und harte DM ins Land bringen. Manches wird offenbar schon deshalb still hingenommen, toleriert. Dollars und DM sind auch im Jahre 1985 Zauberworte, mit denen sich ungeahnte Tore öffnen lassen, und seien es nur jene zu den Pevex-Läden. Diese polnische Abkürzung ist gleichzusetzen mit dem Begriff „Intershop“, wie wir ihn von der DDR kennen.

Erster Abstecher: Über Elbing, Cadinen und Frauenburg nach Kahlberg

Für die beiden ersten Tage sollten wir unser Quartier in Danzig beibehalten. Die Programmfolge war von polnischer Seite vorgeschrieben, so daß wir uns die Stadtbesichtigung bis zum Schluß aufheben mußten. Am nächsten Morgen ging es mit dem Bus bereits um sieben Uhr zum Zielort Kahlberg. Wolkenverhangener Himmel über Danzig, Schnürlregen. Nach 70 Kilometern erreichen wir auf der E 81 Elbing, die Stadt mit dem ersten Seehafen Preußens (Elbing wurde 1237 gegründet). Die Bewohner kamen einst überwiegend aus dem norddeutschen Raum. Als Elbing nach der Niederlage des Deutschen Ordens 1457 unter die Oberhoheit des polnischen Königs kam, wurde es — mit allen Privilegien versehen — autonome Republik. So gehörte Elbing schon früh zu den freien Reichsstädten. Wer hier gewohnt hat, der erinnert sich — nicht ohne stille Wehmut —

daran, daß die Elbinger Schichau-Werft einst Weltruf genoß und die Tabak- und Zigarrenfabrik Loeser & Wolff die größte ihrer Branche in Deutschland war. Wer heute hierher kommt, der wird das alte Elbing nicht wiederfinden. Es wurde im Krieg zu fast 95 Prozent zerstört. Wohl ist noch das Markttor da, die evangelische Kirche St. Marien, die heute eine Kunstgalerie beherbergt. Auch St. Nikolai aus dem 13. Jahrhundert steht mit seinem 95 m hohen Turm noch. Sonst sieht man eher freies Feld.

Kaum 20 km weiter erreichen wir Cadinen (Kadyny), machen Rast an der 1000jährigen Eiche am Ortseingang und fahren bald weiter nach Frauenburg, ehe wir über das Haff Kahlberg erreichen. Der Bus muß hier halten, sind es doch bis Neukrug nur noch wenige Kilometer. Sperrgebiet. Die heutige Grenze zur Sowjetunion ist fast in Sichtnähe. Wir stoßen an Grenzorte, deren heutige Namen uns kaum über die Lippen kommen. Bedrückende Stille. Wie nah ist hier Königsberg und doch zugleich unerreichbar weit. In solchen Augenblicken wird manch Jüngerer Eltern und Großeltern besser verstehen, auch wenn er nur die nüchterne Realität kennt. Was für den einen Erinnerung bedeutet, ist für den anderen der schüchterne Versuch — nachzuempfinden.

Die Weite und ungebrochene Schönheit der Landschaft, der dunklen Wälder und silberglänzenden Seen fasziniert sie alle gleichermaßen. Hier in Kahlberg nehmen wir ein Bad in der Ostsee, abends um halb sechs bei knapp 16 Grad Wassertemperatur. Schon tags darauf wartet auf uns einer der Höhepunkte dieser Reise.

Fahrt auf dem Oberländischen Kanal

Von Danzig geht es mit dem Bus nach Elbing, dort zur Anlegestelle. Um zehn Uhr soll hier das Boot ablegen zur wohl abenteuerlichsten und erlebnisreichsten Fahrt in Ostpreußen. Bald befinden wir uns auf dem Oberländischen Kanal, den die Polen Elblag-Ostrodakanal (Elbing-Osterode-Kanal) nennen. Es ist die längste schiffbare Kanalstrecke im heutigen Polen.

Bei dem Kanal handelt es sich um eine Wasserstraße, die in den Jahren 1845—1872 von dem in Königsberg geborenen Baurat Georg Steenke für 5,5 Millionen Mark gebaut wurde. Sie gleicht den über ihrer gesamten Länge von rund 200 km zwischen Deutsch-Eylau und Elbing bestehenden Höhenunterschied von 104 Metern außer durch mehrere Schleusen vor allem dadurch aus, daß die Schiffe einen Teil des Weges auf den sogenannten „geneigten Ebenen" in auf Schienen laufenden Wagen über Land zurücklegen. Die dafür erforderliche Energie wird durch ein besonderes System allein aus der Kraft des Wassers entnommen. Die einzige natürliche Wasserverbindung der Deutsch-Eylau-Seenplatte mit der Weichsel und damit auch zur Ostsee ist der Fluß Drewenz. Schon seit dem 9. Jahrhundert spielte sie eine wichtige Rolle als Verkehrsader für die hier lebenden Pruzzenstämme. Im Mittelalter, nach Unterwerfung des Pruzzenlandes durch die Kreuzritter, blieb sie wichtigste Wasserstraße. Erst nach etlichen Bemühungen gelang es dem schon genannten Baurat Steenke, beim preußischen König Friedrich Wilhelm Unterstützung für den Bau des Kanals zu erreichen. Der Schiffsverkehr wurde am 28. 10. 1860 freigegeben. Nach dem letzten Krieg — etliche Teilstrecken waren zerstört — war die Strecke 1947 auch für Fahrgäste wieder frei.

Auf dem kleinen Boot gibt es zunächst gar nichts, so daß wir die eingetauschten Zlotys wieder wegstecken. Nach gut einer Stunde aber hat sich herumgesprochen, daß sich die Proviant-Tür für harte DM öffnet. Plötzlich kann man doch Kaffee kaufen, der zwar zurechtgemacht ist wie vor der Währungsreform, aber doch schmeckt. Eine Mark die Tasse.

Leise, gleichmäßig tuckernd bahnt sich das Schiff seinen Weg. Durch Wälder und schmale Wiesentäler. Nur selten sieht man ein winziges Dorf. Wenige Häuser. Vor uns ein altes Backsteinhaus, zahllose Hühner davor, nicht in Batterien eingepreßt. Wäsche hängt auf der Leine. Draußen hat es sich aufgehellt. Aus der Ferne hört man die Rohrdommeln und das Quaken der Frösche. Bald erkennen wir Bleßhühner und Haubentaucher. Und Storchennester, Störche en masse. Eine Tierliebhaberin hat am Ende der Reise 168 Störche gezählt.

Nach viereinhalb Stunden Fahrt erreichen wir Maldeuten (Maldyty), steigen um in unseren Bus, der gewartet hat und uns nach Danzig zurückbringt.

Stadtrundgang durch Danzigs Altstadt

Am anderen Morgen steht pünktlich um 8.30 Uhr vor unserem Hoteleingang ein kleiner, gedrungener Mann mit rötlicher Knollennase, gutmütigen wie zugleich flink dreinblickenden Augen. Es ist Danzigs ältester Stadtführer, der 79jährige Witold. Er führt uns in den nächsten zwei Stunden durch sein geliebtes Gdansk, wie er sagt, in dem er immerhin seit 51 Jahren lebt. Die Führung machen wir zu Fuß durch die drei ältesten Stadtteile.

Zum besseren Verständnis für den Leser sei hier mit wenigen Worten etwas zur Geschichte von Danzig gesagt. Im 13. Jahrhundert erhielt Danzig von Herzog Swantopolk lübisches Stadtrecht. Schon vorher hatte das Fürstentum deutsche Kaufleute ins Land gelockt. Im Jahre 1308 nahm der Deutsche Ritterorden die Stadt ein. Für ganze 10 000 Silbermark verzichteten die Brandenburger auf ihre vermeintlichen Rechtsansprüche auf dieses Gebiet. Auch der polnische König Kasimir erkannte die Ansprüche des Ritterordens an. Danzig wurde schließlich Mitglied der Hanse. Mitte des 15. Jahrhunderts brach Danzig mit dem Ritterorden, begab sich unter die Schutzherrschaft des polnischen Königs. Im Jahre 1793 kommt Danzig zu Preußen und spielt neben Lübeck die wichtigste Rolle im Ostseeraum, zählt 1850 bereits 77 000 Einwohner. Bei der Volkserhebung 1910 sind es inzwischen 170 337 Einwohner. Davon gaben 96,5 Prozent Deutsch und 2 Prozent Polnisch als ihre Muttersprache an. Im Jahre 1920 ist Danzig ohne Abstimmung zu einer „Freien Stadt“ umgebildet worden. Es zählte mit seinem Umland, dem „Freistaat Danzig“, vor dem letzten Krieg 400 000 Einwohner. Gegen Ende des Zweiten Weltkrieges ist Danzig zunächst kaum zerstört worden, litt aber im Abwehrkampf gegen die herannahenden Russen, die einen Großteil von Danzig — ähnlich wie Allenstein — niederbrannten. Rund 90 Prozent der Stadt ist zerstört worden.

Genau hier setzt der gute Witold mit seinem geschichtlichen Rückblick ein. Nicht ohne Stolz weist er darauf hin, daß es Polen waren, die in mühseliger Kleinarbeit die Stadt wieder aufgebaut haben. Auf faszinierende Weise entstand ein Gutteil des alten Danzig nach früheren Plänen naturgetreu wieder.

Beginnen wir unseren Rundgang mit der Marienkirche, die ab 1343 in 150jähriger Bauzeit errichtet und heute die größte aus Ziegeln errichtete Kirche der Welt ist. Sie ist 105 m lang, im Querschnitt 66 m breit und hat eine Grundfläche von 4115 Quadratmetern, die 24000 Gläubigen Platz bietet, nicht selten unter ihnen auch Arbeiterführer Lech Walesa. In einer Seitenkapelle entdecke ich die Kopie des berühmten Gemäldes von Hans Memling „Das jüngste Gericht", dessen Original sich im Danziger „Museum Pomorski" befindet. Der Artushof am Langen Markt ist restauriert, genauso das Zeughaus, die Tore der Stadt und das historische Rathaus. Das Krantor, einst Wahrzeichen an der Mottlau, beherbergt heute ein Schiffsmuseum. Die reichverzierten Patrizier- und Bürgerhäuser mit den schmalen, kunstvollen Giebeln sind wieder aufgebaut, vor allem in der Frauengasse, wo Teile des Films „Die Buddenbrooks" und „Die Blechtrommel" gedreht wurden.

Fahrt nach Marienburg an der Nogat

Tags darauf gehts nach Marienburg, heute Malbork genannt. Von Danzig über die Weichselbrücke ist Marienburg schnell erreicht. Schon von weitem erkennt man den riesigen Komplex der in den Jahren

1274—1280 erbauten Burg, die von 1309 bis 1457 Sitz des Hochmeisters des Deutschen Ritterordens war. Heinrich von Plauen verteidigte später das mächtige Bollwerk gegen die Polen. Durch den zweiten Thorner Frieden von 1466 gerieten Stadt und Burg unter polnische Oberherrschaft, wurden 1626 von Schweden besetzt und kamen 1772 zu Preußen. In den letzten Märztagen von 1945 wurde die Burg erheblich zerstört; hinzu kam Brandstiftung in den Jahren 1959/1960. Mit Sorgfalt und Liebe zum Detail ist die Burg weitgehend wieder stilgerecht erstanden, wenn man vom noch ausstehenden Wiederaufbau der Kirche absieht. Durch die Burg führt uns ein 49jähriger Oberschullehrer. Tomasz Borzych, der an der Schule Deutsch und Geschichte unterrichtet, verkörpert gewissermaßen das lebendige Herzstück beim Wiederaufbau der Burg. In den ersten Räumen findet man eine fein abgestimmte Fotoausstellung, die den Bau, Wiederaufbau, Zerstörung und erneuten Aufbau der Marienburg dokumentiert. Andere Räumlichkeiten zeigen Waffenausstellungen, Porzellan der nahen Manufakturen, Bernstein in allen Formen und Größen. Tomasz, freimütig und ehrlich im geschichtlichen Bekenntnis, macht immer wieder auf die Schnittfelder zwischen Deutschen und Polen aufmerksam. Es wird wohl vor allem Aufgabe der jüngeren Generation sein, dies alles richtig einzuordnen, das jahrhundertealte kulturelle Gepräge durch Deutsche nicht zu leugnen, andererseits den polnischen Anteil an der Geschichte ebensowenig zu ignorieren.

Noch ein Wort zu Tomasz Borzych. Er, der alle nach ihm eingesetzten Reiseleiter selbst ausgebildet hat, will sich in wenigen Monaten pensionieren lassen. In Polen ist das möglich. Wer 30 Jahre im Schuldienst war, die Ausbildungszeit offenbar mitgerechnet, kann danach den Staatsdienst quittieren. Natürlich erhält der Beamte eine bescheidene Pension. Dann allerdings nimmt man zumeist einen Halbtags-Job an. Unser Burg-Experte aber kann dann endlich seine Dissertation schreiben. Er, der ein akzentfreies, blendendes Deutsch spricht, verrät mir das Arbeitsthema: „Die Mystik der Marienburg in der deutschen Literatur." Der Abschied von der Burg, besonders aber von jenem Mann, dem hier ein kleines Denkmal gesetzt sein sollte, fällt schwerer, als wir zugeben.

Weiterfahrt nach Sensburg (Mragowo)

Nach vierstündiger Busfahrt über Elbing erreichen wir Sensburg (Mragowo), wo wir fünf Tage bleiben. Sensburg ist etwa 63 km von Allenstein (Olsztyn) entfernt. Als ehemalige Kreisstadt liegt Sensburg im altpreußischen Gau Galinden zwischen Junosee und Schloßsee. Die vor knapp 600 Jahren gegründete Stadt wird Ausgangspunkt für unsere Fahrten durch Masuren sein. Etwas abseits der Stadt liegt das heute beste Hotel im früheren südlichen Ostpreußen mit westlichem Komfort, Quartier vor allem für westdeutsche Reiseunternehmen. Dieses Orbis-Hotel wurde erst vor wenigen Jahren von Schweden erbaut. Es hat alle Annehmlichkeiten wie Schwimmbad, Sauna, Massageraum.

Sensburg — Rudczanny — Nikolaiken

Unsere erste Fahrt führt uns tags darauf zur nahen Anlegestelle von Rudczanny. Von dort geht ab 10 Uhr der Dampfer über den Spirdingsee nach Nikolaiken. Weite Sicht, einige Flößer vor uns, Ruhe sonst, kein Motorenlärm oder Überbevölkerung an den Badestränden, obwohl auch hier zur Zeit Urlaub ist. Wir begegnen vielen Segelbooten. Dann Landung im ehemaligen Fischerdorf Nikolaiken, das heute rund 9000 Einwohner hat. Der Ort wirkt ärmlich, grau in grau. Natürlich sehen wir auch den berühmten Stint-Hengst, der an eine alte Sage erinnert, die zumindest (fast) jedem Ostpreußen geläufig ist.

Schlangen um die Mittagszeit vor den Läden. Es gibt Tomaten, Kartoffeln, Gurken, viel Kohl. Geduldiges Warten. Ich denke unwillkürlich fast vierzig Jahre zurück. Einige wenige Läden sind touristisch aufgemacht, vor allem mit Bernstein-Angeboten. Dann Mittagessen in einem Restaurant der dritten Kategorie. Das Essen ist sehr viel ansprechender als das Lokal von außen aussieht. Man gibt sich unendlich viel Mühe. Gemüse-Nudelsuppe mit Blumenkohl, Radieschen- und Tomatensalat, Hühnchen in Sauce, danach noch ein Stück Kuchen und eine Tasse Kaffee. Alles zusammen für umgerechnet kaum mehr als fünf Mark. Auch Polen essen hier. Ein kurzes Nicken, ein freundliches Zuwinken. Sonst Sprach-Barrieren. Schade. Danach folgt noch ein Abstecher an die Kruttinna (Krutynia), den für Wasserwanderer schönsten Fluß Ostpreußens.

*

Die Masurenfahrten

Wir haben uns am Sonntag einen freien Tag gegönnt, surfen im nahen Schloßsee oder paddeln. Eine andere Gruppe hat eine Busfahrt nach Lötzen (Gizycko) vorgezogen und ist über Rößel (Reszel) nach Heiligenlinde gefahren, um hier die berühmte Wallfahrtskirche zu besuchen. Die noch heute eindrucksvolle Barockkirche von Heiligenlinde (Swieta Lipka) gehörte einst zu den schönsten Kirchen Ostpreußens.

Die südliche Masurenfahrt bringt uns in die Johannisburger Heide. Bei Seegutten machen wir ein ausgedehntes Picknick am See. Abends finden wir uns im kleinen Wigrinnen am Beldahnsee wieder, wo wir bei einer deutschen Familie zum Fischessen eingeladen sind.

Am nächsten Tag geht es zunächst nach Norden. Von Lötzen nach Posessern, über Groß Steinort nach Angerburg, weiter nach Goldap, Treuburg, Lyck und Arys. Immer wieder auf langen Birken-und Linden-Alleen entlang. Schade, daß wir an den genannten Orten nur kaum mehr als 15 Minuten Pause machen.

Danzig—Zoppot—Oliva

Am nächsten Tag geht es zurück mit dem Bus nach Danzig, weiter nach Zoppot, zum berühmten Bad an der Ostsee. Der Strand ist mäßig belegt. Zuvor sind wir durch die endlos erscheinenden Reihen häßlicher Betonklötze in den Außenbezirken von Danzig gefahren. Der längste Wohnklotz dort, im Volksmund

„Wellenbrecher“ genannt, ist 550 m lang. Noch einmal ein Blick zurück nach Zoppot — mancher erinnert sich noch an die bekannte Waldoper — zum Grand Hotel, dem einstigen Hotel „Casino“ bzw. „Berlin“, vor dem tonnenweise Kokshalden liegen. Wir machen einen kurzen Halt in Oliva mit seiner herrlichen Kirche und dem prächtig angelegten Park. Am frühen Abend landen wir im Hafen von Danzig. Es heißt Abschied nehmen, Abschied von einer Landschaft, die für viele unserer Reiseteilnehmer Erinnerungen wach rief, für andere neu war. Die Faszination des weiten Landes wird uns allen ebenso haften bleiben wie die Liebenswürdigkeit seiner heutigen Bewohner.

Wir werden wieder dort hinfahren, in dieses Land voller Weite, Schönheit und Ursprünglichkeit, wo sich die Menschen im Jahre 1985 nahezu ohne Vorurteile begegnen konnten und man ein offenes Wort nicht zu scheuen brauchte. Wir werden mit unseren Kindern fahren. Es muß nicht immer Spanien sein!

Arno Surminski

Wiedersehen mit Jokehnen und dem Schwenzaitsee

Die Störche sind wieder da, wurden doch nicht alle ermordet, an Scheunentore und Chausseebäume genagelt in jenem zeitigen Frühling 1945. Einige nisten sogar — das hat es damals kaum gegeben — auf Telefonmasten und Chausseebäumen. Hier kannst du dir noch ein Brüderchen oder Schwesterchen wünschen, höchstpersönlich beim Meister Adebar auf dem Scheunendach. Und das Wünschen scheint sogar zu helfen, denn auf dem Jokehner Anger spielen so viele blonde Kinder, wie Enten und Gänse umherlaufen.

Was fast in Vergessenheit geraten ist: diese Alleen! Ostpreußen ist ein Land der Lindenalleen, Eschenalleen, Birkenalleen, Eichenalleen. Alles, was Laub trägt, reiht sich mächtig zu beiden Seiten der Straße. Die fernen Baumreihen geben der flachen Landschaft ihr Gepräge. Da ist zum Beispiel die Eichenallee, die zum Herrenhaus von Steinort am Mauersee führt. Nein, sie kann man nicht mit dem Auto abfahren. Da geht man besser von Baum zu Baum (einer ist vom Blitz gespalten), macht sich Gedanken, ob diese Eichen 150 oder 200 Jahre alt sind (einige tragen keine Blätter mehr), und stellt sich die Jungchens vor, die damals Eicheln für die Schwienkes gesammelt haben.

Abgesehen von der fremden Sprache erscheint vieles vertraut. Die Frauen, ein Tuch um den Kopf gewickelt, laufen auf Holzklumpen über die matschigen Höfe, füttern Hühner, Enten und Gänse. Die Kinder buddeln im Dreck, sehen so natürlich schmutzig aus, sind noch völlig unberührt von den großen Weißmachern unserer Zeit. Na und erst die Pferde! Nicht nur zum Reiten und Streicheln für Kinderhände, sondern richtige Ackergäule.

Da klappern morgens so gegen sieben — ein bißchen später als in früherer Zeit — die Pferdefuhrwerke auf Lötzen zu. Ist wohl Wochenmarkt. Der Bauer sitzt vorn, pfeiferauchend. Neben ihm der Opa, eine Decke um die Knie gewickelt. Hinten die junge Frau mit einem Korb Mohrrüben und einer Kutz voller aufgeregter Gössel. Das Fohlen trabt neben der Mutterstute auf dem Sommerweg. Na, in Lötzen werden sie den Kleinen aber festbinden müssen, sonst reißt er den Marktfrauen die Stände um.

Du mußt schon ordentlich suchen, um noch eine deutsche Inschrift zu finden. Vielleicht auf dem überwucherten Dorffriedhof von Jokehnen? Da haben sie im Juli 1935 eine Erika Sommer begraben, erst elf Jahre alt (Sein Wille geschehe). Sie wäre beim Einmarsch der Roten Armee 21 Jahre gewesen, ein Alter zum Fürchten. Mehr ist nicht zu finden. Man glaubt nicht, wie diese Metallkreuze rosten!

Da liegt doch tatsächlich im Buschwerk der Gedenkstein für die deutschen Helden von 14/18. In Stein gemeißelte Namen, noch leidlich zu entziffern, obwohl das grüne Moos schon mächtig den Stein angreift. Ich kratze den Schimmel ab, verschaffe den Helden von 14/18 eine Gnadenfrist von vielleicht zehn Jahren, bis sie endgültig aus der Geschichte verschwinden.

Kaum noch Ruinen. Dafür sorgt die Zeit. Wo 1945 die Reste abgebrannter Gehöfte standen, wachsen heute wilde Himbeeren. Ein sanfter Erdhügel — dort war die gute Stube von Onkel Franz. Wer nicht weiß, daß an dieser Stelle mindestens fünf Häuser gestanden haben, findet die Büsche und Hahnenfußwiesen lieblich. Es gibt Dörfer, die vom Erdboden verschwunden sind, das heißt: es gibt sie nicht mehr! In 100 Jahren wird man hier Ausgrabungen vornehmen und nach altslawischen oder altgermanischen Siedlungen suchen und auf Hausmauern stoßen, die im Januar 1945 in Trümmer sanken.

Wie lange fährt man von Deutschland nach Ostpreußen?

Knappe vierundzwanzig Stunden mit dem Schiffchen von Travemünde nach Danzig. Die ostpreußischen Sommer sind auch nicht mehr das, was sie früher waren. Oder macht das nur die Erinnerung: „Aber Herrche, heren Se, soviel hat es bei uns doch nie geregnet!"

Sonnenuntergang über dem Schwenzaitsee bei Angerburg. Da könnte man einen Kulturfilm drehen. Wildenten, Schwäne, Haubentaucher, auf der Wiese Pferde und trächtige Kühe, dazwischen der Klapperstorch beim Abendspaziergang. Die Sonne rutscht unaufhörlich ins Schilf, verbrennt im Untergehen ein weißes Segel auf dem Mauersee. Schnell etwas überziehen, sonst hubberst herum in der Abendkühle.

Gut, daß die polnischen Jungs und Mädchen aus dem Zeltlager Feuer machen. Lagerfeuer ist hier jeden Abend. Und eine Gitarre ist auch dabei. Sie fangen immer modern an. Du hörst die Beatles und Rolling Stones zwischen den verschlafenen Seen Masurens, wo sonst nur der Unk ruft und die Enten schnattern. Aber später, wenn der Mond aus dem Schilf steigt, kommen sie unweigerlich zum Besinnlichen. Die Mädchen tanzen ums Feuer.

„Singt doch mal was Deutsches", sagt einer von den jungen Leuten. Der sagt nicht, singt etwas aus der DDR oder der Bundesrepublik, nur einfach was Deutsches. Da müssen sie sich halt zusammentun, der verdiente Arbeiter des Volkes aus dem Spreewald und der Fahrlehrer aus Moers am Niederrhein, die Krankenschwester aus Brandenburg und der Maurerpolier aus Hamburg-Bergedorf. Was kann man denn noch gemeinsam singen? Doch nicht die zackigen Lieder der Jungen Pioniere oder der Hitlerjugend? Nein, sie müssen schon weit ausholen, zurückkehren in die deutsche Gemeinsamkeit, bis sie ganz unverfänglich ist, bis jeder mitsingen kann. „Sah ein Knab' ein Röslein stehn", das ginge zum Beispiel. Auch „Hoch auf dem gelben Wagen".

„Zwanzig Kilometer von hier bin ich geboren", sage ich zu der jungen Russin, die in Berlin so ausgezeichnet deutsch gelernt hat und neben mir am Lagerfeuer steht.

„Ach, dann sprechen Sie ja perfekt polnisch", meint sie und blickt mich freundlich an.

„Nein, kein Wort." Ich will es ihr erklären, will ihr erzählen, wie das damals hier war, aber sie muß mitsingen, denn jetzt sind die Russen an der Reihe. Na und wie die singen hier an den Ufern Masurens!

Das Transparent über dem Jugendlager hängt schlaff im Wind. Irgendein Aufruf zum 30. Jahrestag der Volksrepublik Polen. Nirgendwo wirken Transparente so unpassend wie hier. Fassade, nichts als Fassade!

In einer Campinghütte schmirgelt eine Frau bei geöffneter Tür Fische, die die Kinder im Schwenzaitsee gefangen haben. Sie gibt keine Ruhe, bis du reinkommst und einen probierst. Freut sich von Herzen, wenn es dir schmeckt. Mein Gott, was ist das für eine Welt? Stillgestandene Zeit. So einfach, so unkompliziert.

Wie lange fährt man von Ostpreußen nach Deutschland? In heutiger Zeit knappe vierundzwanzig Stunden. Mit dem Schiffchen von Danzig nach Travemünde. Brauchst keine Angst zu haben, von einem U-Boot auf den Grund der Ostsee geschickt zu werden.

Als das feinverputzte Travemünde am Horizont auftaucht, überfällt mich eine schreckliche Vision. Wie wenn die zwischen die Poggenteiche und Schilfgürtel Masurens, an die verträumten Waldränder und auf die Wiesen der Klapperstörche auch so einen Appartementklotz mit zwölf und mehr Stockwerken hinhauen? Dann wäre alles verloren, endgültig verloren.

Die Marienburg von der Stadt aus gesehen

rechts:
Die Nicolaikirche in
Elbing

Das Bild auf der vorangehenden Seite zeigt den Muckersee in der Nähe des Dorfes Hirschen

Wiederaufbau in Elbing

Gebiet der einstigen Frauenburger Altstadt

„Schiefe Ebene“ bei Christburg

Ruine des Rathauses in Mehlsack

Das Heilsberger Tor in Bartenstein

Straße am Markt in Bartenstein

Die St. Georgskirche Rastenburg

Die Autobahn Elbing—Königsberg

Das Heilsberger Schloß

Seite 105:
Der als Museum eingerichtete Remter des Heilsberger Schlosses

Seite 106: Die Kirche Heiligelinde

Seite 107: Das Rathaus in Wartenburg

Das Rathaus in Allenstein

Das Hohe Tor in Allenstein

Die Kollegiatskirche in Guttstadt

Heiligenfigur vor der Stadtkirche in Rössel

Anlegestelle in Rudszanny

rechts:
Kirche in Lyck

Die neue Promenade in Lötzen

Ewa

Ruhestätte der Geschwister Sender auf dem Friedhof in Passenheim

Das Rathaus in Ortelsburg

Hedy Gross

Die Reise nach Lyck

„Versucht nicht hierherzukommen. Sie lassen euch nicht wieder heraus, euch nicht und uns nicht", schrieben die Eltern, als sie vergebens auf die Ausreiseerlaubnis warteten. Das ist zwanzig Jahre her oder mehr. Wie einfach ist es geworden — wer hätte das damals gedacht — man fährt nach Lyck und kommt unbehelligt zurück. Noch einfacher ist es, wenn man sein Herz zu Hause läßt, dann ist es ganz einfach.

Dann steht man eines Tages in der Hindenburgstraße, der Flanierstraße aus Jugendtagen, wie in einer fremden Stadt. Grünanlagen ersetzen die fehlenden Häuser und nehmen dieser Straße — und anderen noch mehr — die gewachsene Geborgenheit. Die Vorgärten sind entfernt, dafür breite Bürgersteige. Ansätze von Blumenrabatten.

Aber die rote Ziegelkirche steht noch, sie wird abends voller Kniender sein bis zum Ausgang. Und gegenüber das Haus des Superintendenten, genau die gelbgraue Farbe von damals. Hier bin ich zum Unterricht gegangen, und manchmal habe ich geschwänzt, dann wußte ich meiner Mutter nichts zu erzählen von ihrem verehrten Superintendenten Bury, denn auch sie war schon hier zu ihm zum Unterricht gegangen.

Und die alte rote Ziegelpost steht noch. Aber daneben, welch schönes Haus! So schön war die Behrendtsche Apotheke! Oben wohnte der Medizinalrat Czygan, zu ihm habe ich oft meine Großmutter hinaufbegleitet. Ach, und das Cafe Kabalzer ist weg, nur ein kleiner Grünstreifen.

Wie schön war es gewesen, wenn der Onkel mir und einigen Schulfreundinnen ein Nußtörtchen und eine Tasse Schokolade spendierte!

Wenn ich früher durch die Straßen von Lyck ging, dachte ich nicht an all diese Dinge — heute machen sie mir die Stadt lebendig, in der ich keinen Menschen mehr kenne. Und wie in einer fremden Stadt muß man beizeiten nach einem Plätzchen suchen, wo man abends sein Haupt niederlegen kann. Man fragt die Passanten. Die Stadt ist fremd, aber auch die jetzigen Lycker sind freundliche Leute, das muß an der Luft liegen. Sie empfehlen den ehemaligen Kaiserhof.

Ach ja, der Kaiserhof! Dort feierten wir die Feste, dort hatte ich mein erstes Theatererlebnis: Das Allensteiner Landestheater kam. Ich war vielleicht fünfzehn, wir nahmen Stehplätze zu fünfzig Pfennig. Das Stück hieß: Die Rabensteinerin. Es kam mir so traumhaft schön vor, ich habe meine damalige Hingerissenheit bis heute nicht vergessen.

Die Passanten empfehlen das Arbeiterhotel in der früheren Steinstraße, auch Privates wird vorgeschlagen.

Wir stehen vor dem Kaiserhof, eine freundliche Wirtin winkt uns aus dem ersten Stock zu sich herauf und entscheidet für sich. Das Hotel ist dritte Kategorie. Das Zimmer kostet ungefähr sechs Mark, wird in Zloty bezahlt. Es ist groß und hoch, hat fließend Wasser und ist in jeder Beziehung in Ordnung. Als Trinkgeld wird ein Scheinchen in D-Mark erwartet. Und abends ißt und trinkt man mit den jetzigen Lyckern, die in großer Zahl zur „Cena" in die Gasthäuser strömen. Man ißt das Kotelett zu 1,50 DM, trinkt warmes Bier, ißt Fische aus dem Lycker See.

Auch dieser See ist nun schon umweltverschmutzt durch die „größte Fleischfabrik des Kontinents". Woher mögen sie nur das Vieh nehmen? Nur vor einem Staatsgut sahen wir eine Herde, wie man sie früher hier gewöhnt war. Die Fabrik wird von Amerikanern gebaut; vielleicht bringen sie aus Kalifornien auch gleich die Rinder mit. Das soll unsere Sorge nicht sein.

Aber in Lyck sind wir schon fast am Ziel unser Reise, lange nachdem wir uns in Alt Jablonken von unserer kleinen Reisegruppe getrennt haben und mit Linienbussen kreuz und quer durch Ostpreußen gefahren sind. Da haben wir schon viele aufklärende Gespräche mit deutschen und polnischen Fahrern geführt und mit dem Mann auf der Straße.

Wir wissen jetzt schon nach verschiedenen Aussagen, daß viele Polen keine Kommunisten sind. Vor diesen Aussagen versicherte man sich allerdings immer, ob wir auch nicht aus der DDR kämen. Man beroch uns von allen Seiten. Und hatten wir mal keine Lust auf Gespräche und beantworteten die Frage nach der DDR zustimmend und nicht: „Nein, wir sind die bösen Kapitalisten", dann schnell zum Rückzug geblasen. „Die bösen Kapitalisten" verursachten immer viel Freude: „Mensch Sch . . ., Hauptsache, du hast Geld."

*

Ja, ehe wir nach Lyck kamen, hatten wir schon auf einer unserer alten wunderbaren Straßen, die nur leider — wie die meisten — viel zu schmal für die großen Laster sind, ja, da hatten wir schuldlos mit Bekannten im Wagen einen Autounfall verursacht. Der Laster, dessen Anhänger hin und her schwankte, hatte uns gerammt. Aber um bei der Wahrheit zu bleiben, nachdem wir unsere Schuld eingestanden, wurde uns im strömenden Regen allein auf dieser von Linden umsäumten Straße jede Hilfe zuteil. Andere Länder — nein, andere Leute — andere Sitten.

*

Angefangen hat die Reise nach Lyck auf dem Bahnsteig in Hannover. Da stand ein Häuflein derer, die die Sehnsucht dahin trieb, wo ihr Leben, ihre Welt begann, zu ihrem Ursprung. Unsicher tasteten sie die Gesichter ab. mühsam lächelten sie sich zu, als wollten sie einander Mut machen. Aber dann im Gang des Schlafwagens — es klingt wie ein Märchen und läßt sich doch gar nicht in Worte fassen, so wunderbar war das. Es fiel das Wort Lyck, und aus allen Abteilen kamen sie.

„Ich bin zwar aus Arys, aber ich bin in Lyck zur Schule gegangen, wir kennen uns."

Und dann kamen die Lycker. Unser Bäckermeister war da, unser Tierarzt, die Gerberei, Klein Lasken war da und Regeln. Wer sollte und könnte die Namen je vergessen. Verglichen mit mir waren es zumeist Jüngere. Sie sahen mich aus den Gesichtern ihrer Mütter an.

„Tante Toni", sagte ich in ein Gesicht hinein.

Antwort: „Das war meine Mutter."

Tante Toni war nicht meine richtige Tante, und diese Tochter war vielleicht oder sicher damals noch nicht geboren, aber die Nichte Käthe schleppte mich aus der Schule, wann immer ich in der Stadt bleiben wollte, zum Übernachten zur Tante Toni. „Mußt nicht erst fragen?" —„Aber wozu, sie kennt dich doch."

Ja, das waren die Lycker, und ich war wieder unter ihnen. Eine Wahl-Lyckerin aus Hamburg fällt mir ein. Sie begrüßt mich immer strahlend mit Worten wie: „Ach, diese

Lycker. Ein Assessor beim Gericht verdiente damals 200 Mark, aber wir brauchten auch nicht mehr, wir waren ja jeden Tag irgendwo eingeladen. Es war überhaupt unsere beste Zeit. Diese Lycker waren einfach wunderbar."

Ja, und nun standen wir im Gang des Schlafwagens und fuhren nach Lyck. Nun, nicht direkt, die einen hierhin, die andern dorthin. Lyck ist dem Tourismus noch nicht erschlossen, Lyck kann man nicht buchen. Na, wir würden schon hinkommen. Wir waren fröhlich wie auf einer Fahrt zu einem Schulausflug. Zwar mahnte mal jemand: „Ihr werdet enttäuscht sein, ich habe gehört . . ." Ja, sicher, wir hatten alle gehört . . . aber wir wollten mit eigenen Augen die Heimat wiedersehen, darauf freuten wir uns gemeinsam wie die Kinder.

*

Aber schon in der Nacht, als sie mit den Leitern kamen, im Zug das dritte (unbenutzte) Bett zu durchsuchen, die Karte von Ostpreußen konfiszieren wollten, weil neben den polnischen auch die deutschen Namen standen (zum Glück fehlte ihnen jede Berechtigung dazu), da fiel der erste Reif auf die Freude, die Heimat wiederzusehen.

Immerhin, wir sprechen dieselbe Sprache. Und auf die Gefahr hin, unsere Betten zwecks Durchsuchung räumen zu müssen, fragten wir, ob sie nicht auch nachsehen müßten, ob unter der fülligen bundesdeutschen Bettdecke nicht ein schlankes Mägdelein oder ein Jüngling verborgen wäre. Da zog der Ältere den Jüngeren von der Schublade unter meinem Bett fort: „Komm!" Und unser Zigaretten- und Schokoladenangebot wurde bedauernd abgelehnt mit: „Wir sind im Dienst."

Da wußten wir, noch sind wir in Deutschland.

Am Morgen die Fahrt durch Pommern war trostlos grau.

Weite Strecken unbebaut. So traurig sahen Bauernhöfe im Osten aus! Auf der Rückfahrt wußte ich, weshalb.

Die Ferienhäuschen aus Sperrholzbrettern im Walde von Alt Jablonken hatten auf den Fotos so reizend ausgesehen. Feste Häuser waren auch nicht mehr zu haben gewesen. Mit jedem Jahr nimmt der Strom der Vertriebenen gen Ostpreußen zu. Man ruft ja die Touristen. Aber schon Weihnachten ist jedes offizielle Quartier für den Sommer ausgebucht.

Natürlich sind unsere Wälder wunderbar, die Seen traumhaft; diese ganze Landschaft ist in den letzten Jahren mit Recht als eine besungen worden, die ihresgleichen sucht.

Dieselbe Luft, dasselbe Licht, und doch kein Zuhause mehr — das macht, daß auch die Schönheit schmerzt.

Und abends mußten wir ja denn in unsere Bretterhäuschen, die kein Wasser hatten; auch die Toiletten befanden sich lediglich in einem Gemeinschaftshaus des weitläufigen Häuschengebiets des PTTK STANICA WODNA. Dafür haben die Häuschen aber breite Ritzen im Fußboden, die nachts zu Einfluglinien für unzählige Mücken vom sumpfigen Seeufer wurden. Auch ein Überzug mit Haarspray, der unsere Haut schützen sollte, hielt sie nicht davon ab, sich an unserm Blut zu laben. Mir fiel ein, daß wir uns früher auf dem Anstand mit Myrrhentinktur eingerieben hatten, wenn die Windrichtung es erlaubte, um uns vor den Mücken zu schützen. Aber was mochte Myrrhentinktur auf polnisch heißen?

Zum Glück fiel mir immer rechtzeitig das alte Kinderliedchen ein:

Im Walde möcht ich leben
zur heißen Sommerszeit,
Der Wald der kann uns geben
viel Lust und Fröhlichkeit . . .

Das Liedchen sang ich mir dann vor und kam so über die Runden, sprich Nächte.

Aber um bei der Wahrheit zu bleiben — es waren nur drei. Zuerst suchten wir das Weite und fanden unterwegs gut Unterkunft. Und als wir zurückkamen, verließen gerade privilegierte Polen die Villa am See. Gegen ein kleines Aufgeld bekamen wir nun ein Traumzimmer. Dusche, Heizung und soviel Schönheit um uns herum, wie die Heimat nur je bieten konnte. Schönheit zum Malen.

„Ist es denn nicht vermietet?" war unsere schüchterne Frage.

„Ach was, vermietet, dann gehen die Polen, die jetzt kommen, eben ins Häuschen," sagte unser freundlicher Betreuer. „Und wie ist es jetzt?"

„Wie aus der Hölle in den Himmel!" Und sie freuten sich mit uns.

Die junge Studentin, die uns bediente und Englisch sprechen wollte — sie überlegte, ob sie nicht doch einen Westeuropäer heiraten sollte und wenn, dann am liebsten einen Engländer. Und vor allem freute sich unsere gute alte deutsche Reinmachefrau, deren Fürsprache wir vermutlich das Traumzimmer zu verdanken hatten.

Jetzt mit trockenen Schuhen und Kleidern, bei strömendem Regen, wandbreiten Fenstern nach allen Seiten (es regnete viel in diesem Sommer), ließ es sich im Wald wirklich wunderbar leben. Und dieses Land, dies schöne Land um den großen Schillingsee, in dem der Deutsche Krause lange ungekrönter König gewesen sein muß. Die Höfe zwischen den etwas hügeligen Getreidefeldern sahen gut erhalten aus. Ja sicher, hier mal was und da mal was, nicht wie bei uns, aber wir hatten in Masuren anderen Verfall gesehen.

*

Mit wem man auch immer ins Gespräch kam, immer der Krause. Die junge Bauersfrau in Hosen und Stiefeln: „Ja, der Krause, der hat uns ja abends Deutsch gelehrt. Aber nu ist er ja rausgefahren, und schon vergessen wir alles." Die deutsche Sprache ist verbannt; nur wo sie in Stein gehauen ist, hat man manchmal übersehen, sie zu entfernen. „Der Krause, der wußte, wie man auch in nassen Jahren hier wirtschaftet. In diesem Jahr ist das ganze Heu verfault."

Ein Bauer stieg von seinem Trecker, um uns mit Erdbeeren zu beschenken. Als wir zahlen wollten, zog er sein großes Portemonnaie, öffnete es und zeigte ganze Bündel von Geldscheinen.

„Da sehen Sie, wir haben doch Geld. Ich nehm' doch von Ihnen kein Geld."

Und schon ging es wieder los: „Den Krause, den kennen Sie wohl nicht? Schade, daß der rausgefahren ist. Man möchte wissen, ob er noch lebt. Er war schon alt, deshalb ließen sie ihn rausfahren."

*

Aber um noch einmal auf unser Bretterhäuschen zurückzukommen — außer uns Feiglingen und noch einem älteren Ehepaar hielt unsere kleine Gruppe tapfer darin durch, trotz des Regens und der Mücken. Die schon einmal dagewesen waren, hatten Wärmflaschen und Öfchen mit. Eine Dame erzählte mir: „Ich ziehe zur Nacht alles über mich, was ich an Wollsachen mithabe, das geht gut." Und jeder hatte seine Apotheke mit.

Ach, unsere Landsleute, Sie kennen sie ja, die sind nicht totzukriegen. Es war so schön, ihnen in Reinkultur in der Heimat wieder zu begegnen. Sie ließen auch die junge

Dame nicht frieren, die nur dünne Kleidchen mithatte, weil ihr Mann, der die Heimat als Junge verlassen mußte, ihr immer gesagt hatte: „Nimm nichts Warmes mit. In Ostpreußen ist es im Sommer immer warm.“

Und dann dieser Inspektor! Steigt da nach dreißig Jahren aus dem Zug in Schaftstiefeln und Lodenjacke, als wäre er gerade aus Regelnitzen herübergekommen, um zu schlichten, weil wieder irgendwelches Vieh irgendwelchen Weizen zertrampelt hatte. Es war natürlich nicht derselbe, aber ich erkannte ihn sofort — er konnte gar kein anderer sein. Aber auch er erschien, trotz Stiefeln und Loden, eines Tages frierend und erkältet. Von allen Seiten bot man ihm die guten deutschen Anti-Grippe-Mittel an. Er winkte ab: „Besten Dank. Medizin nehme ich nicht. Wissen Sie, meine Frau war lange krank. Als sie starb, blieb da ein voller Kasten mit Medizin zurück. Der Doktor sagte, schmeißen Sie weg. Hab ich gemacht. Na, wir hatten damals gerade die Rattenplage. Was soll ich ihnen sagen, die Ratten sind alle krepiert. Nei, nei, seitdem nehm ich keine Medizin.“

Er war auch bald wieder der Alte. Etwas über achtzig, kerngesund, warum sollte er nicht. Und Grog gab es ja. Jedenfalls, nach drei Tagen kam er schon wieder mit seinen Sprüchlein: Wie die Mutter, so die Töchter, nur ein wenig schlechter.“

Er wußte ihrer viele.

Es kam viel heimatlich Vertrautes zutage. Heimatliche Gerichte kochen sie noch immer bei uns, sicher von einer Deutschen überliefert. Vor allem immer sehr viel von allem. Drei Eier zum Frühstück, Schinkenplatten, Würste und Käse. Am besten schmeckte die Kohlsuppe.

Wir waren alle immer mit allem zufrieden. Wir waren ja auch nicht wegen des Essens und Trinkens gekommen, wir waren keine gewöhnlichen Touristen. Holländer suchten einmal verzweifelt ein Gasthaus erster Kategorie, sie wollten einmal wie im Urlaub essen, da konnten wir nur sagen: „Vielleicht besser in Holland."

Wir wollten ja unsere Städte sehen, unsere Höfe. Mein Mann lief immer in seine alten Schulen. Der Direktor zeigte ihm alles, nachdem mein Mann ihm erzählt hatte, daß er vor dem Gymnasium auf dem Schulhof hätte einmal so laut deklamieren müssen, daß man es im Klassenzimmer hörte. Man wollte ihm das Leisesprechen abgewöhnen. Daraufhin gab es viele Betrachtungen des Direktors, die anfingen mit: „Unsere beiden Völker . . ."

*

Die Höfe, das war eigentlich das Traurigste, jedenfalls für mich als Bauerntochter. Was hatten wir erwartet? Na aber sicher, keine deutschen Bauernhöfe nach dreißig Jahren. Aber im Grunde doch vielleicht noch ein bißchen besser, ein wenig moderner. Jedenfalls hatte ich mir nicht vorstellen können, daß man auch das, was man heil und in Ordnung übernommen, verfallen ließ.

In Masuren, um Lyck, wo wir die Höfe genau gekannt haben, nicht nur den eigenen, auch die von Verwandten und Freunden, fernab vom neuen Tourismus, da hätte man weinen können. Ein junger Freund sagte mir: „Wenn ich kein Mann wäre, hätte ich mich auf die Erde geworfen und geweint." Nun, ich bin eine Frau, auch ich habe nicht geweint, jedenfalls nicht gleich, ich war wie versteinert.

Man zeigte uns alles freundlich und bereitwillig, fragte aber auf jedem Hof als erstes, ob noch Nachkommen der einstigen Besitzer lebten; wenn ja, welche Berufe sie hätten.

Als wir das schöne Herrenhaus für die Tochter meiner Freundin knipsen wollten — ich hatte harmlos das Wort Tochter ausgesprochen — gingen sie hoch. Nein, das wäre verboten wegen der Maul- und Klauenseuche. Der Hof vor dem schönen Haus zeugte allerdings vom Schlimmsten. Als meine Eltern nach zehn Jahren unseren Hof verließen, sollte er Kolchose werden; ich hoffte somit, alles in bester Ordnung zu finden.

Ich habe die Landschaft nicht wiedererkannt. Der Wald war auf langer Strecke unlängst durch einen Waldbrand vernichtet worden, es sah grauenhaft aus. Die Straße war unpassierbar, überschwemmt, was ihr in deutscher Zeit nie passiert war. Aber ich weiß auch genau: in jedem Frühjahr Wegereparatur und Dränage instandsetzen. Ein Pole erzählte, daß man leider mit den Grundbucheintragungen aus Versehen auch die Dränagepläne vernichtet habe. Das ist natürlich schlimm.

Aber noch kenne ich ja Wege und Stege, und als wir vom dritten Weglein, der fast nur ein Steg ist, und trocken zum Hof abbogen, hüpfte mein Herz.

Mein Gott, das Haus genau wie früher. Aber da sah man nur den oberen Teil des Hauses hinter dem Roggenfeld. Es war ein glücklicher Moment.

Aber nur ein Moment. Es fehlte jeder Vorgarten. Von den Linden, die den Hof umsäumt hatten, keine Spur. Kein Tor führte in den Hof hinein, das Haus stand sozusagen auf freiem Feld und war seltsam verbarrikadiert mit Kanistern, Blechwannen und Baumstämmen.

Das Haus gehört jetzt mehreren Familien, sie haben sich so gegeneinander abgegrenzt. Im Gemüsegarten, im Obstgarten kniehohes Unkraut, nirgends durchzukommen, viele Bienenstöcke. Das Haus selbst war sauber und in

Ordnung. Sie haben es aufgeteilt und nach eigenem Geschmack eingerichtet.

Aber der Hof! Offenbar waren es keine Bauern, denn der Bauer lebt vom Hof. Die Scheune war gerade abgebrannt, sie war angefüllt mit Wracks landwirtschaftlicher Maschinen, ein Stall verschwunden, ein zweiter mit eingestürztem Dach. In einem leeren Stall ein einziges Schwein. Ein einsames Pferd, anscheinend ein edler Trakehner, graste im Obstgarten.

„Sollte der Hof nicht Kolchose werden?" fragte ich.

„Aber ja, war er, aber nur drei Jahre. Kam keiner zur Arbeit, mußten sie wieder verteilen. Mit uns können sie das nicht machen."

Den Familien auf unserm Hof geht es unterschiedlich, von einer gewissen Wohlhabenheit bis zu ergreifendem Elend. Das hat persönliche Gründe. Die Familien sind einander feindlich gesinnt, daher die Verbarrikadierung. Auch den Hof haben sie durch unbehauene Baumstämme in Parzellen aufgeteilt. Aber man sieht, es geschieht nichts auf diesem Hof. Er ist eine grüne Wiese.

Im Kreis Osterode waren die uns bekannten Höfe besser erhalten. Man erzählte, daß in den Gebieten des neuen Tourismus die Höfe die Auflage haben, sauber und ordentlich auszusehen.

Auf einem Hof trafen wir einen richtigen Bauern. Er hat vor zehn Jahren den Hof drei Besitzern abgekauft und versucht nun mit unglaublicher Mühe, aber mit Erfolg, alles wieder auf Touren zu bringen.

Höfe sind billig zu haben. Wir lasen die Angebote in der Zeitung. Nur Deutsche dürfen sie nicht erwerben. Aber unser Inspektor beschloß sofort, über einen Onkel in Amerika zu versuchen, seinem Neffen, der zurückgeblieben ist, wieder zu einem Hof zu verhelfen. Ein Amerikaner kann ohne weiteres einen Hof kaufen.

Die Freude der Deutschen, die bis jetzt nicht herausgekommen sind, über unsere Besuche ist groß. Eine alte Frau in Osterode schrieb meinem Mann, ohne daß er darum gebeten hatte, sämtliche Familien auf, deren sie sich noch erinnern konnte, und deren Schicksale.

Viele der Deutschen waren 1945 Kinder. Die Eltern sind inzwischen gestorben, die Jungen haben sich mit Polen verheiratet. „Wenn sie sich nur lieben!" sagte ein alter Pole.

Ja, wenn. Die Liebe spielt sicher dabei die Hauptrolle, das Fremdartige zieht sich an. Aber dann, später, scheint es doch schwierig zu sein, mit der fremden Sippe auszukommen. Polinnen, die deutsche Männer geheiratet haben, waren eigentlich eher glücklich, umgekehrt schien es nicht so. Da fingen die Gespräche immer an: „Ich bin mit einem Polen verheiratet, unglückliche Ehe."

Viele Kinder oder keine Kinder. Sie haben ihre Probleme.

„Ich möchte mit den Kindern nach Deutschland."

„Und Ihr Mann?"

„Ach, der findet schon noch eine Polin."

Auch diese Deutschen möchten gern einmal zum Besuch zu uns kommen. Eine Einladung ist nur leider für die Gastgeber mit ziemlichen Kosten verbunden. Ich sehe noch die traurigen Augen einer jungen Frau: „Ich bin mit einem Polen verheiratet, meine Schwester lebt in Bochum. Sie schreibt Briefe und schickt Pakete, aber sie schreibt nie, ich soll zum Besuch kommen."

Nicht nur die Deutschen wollen mit ihren Landsleuten, ihren Familien wieder vereinigt werden; auch viele Polen würden wieder gern wie eh und je westwärts wandern.

„Ich will hier raus. Ich will zu Krupp", ereiferte sich ein junger Mann.

„Aber Sie sind doch Pole. Sie sprechen nicht Deutsch."

„Deutsch lern' ich. Ich habe Freunde in Deutschland. Ich will zu Krupp. Bei Krupp arbeiten."

Ein anderer wollte durchaus Französisch sprechen: „Bitte, ich will sehen, ob ich es noch kann. Ich bin in Frankreich geboren, ich will wieder nach Frankreich."

„Sie sind doch Kommunist. Sie wohnen in einem sozialistischen Land."

Antwort: „Ich Kommunist? Ich weiß, was ein Kommunist ist. Punkt."

Nein, sie sind nicht alle glücklich, die Polen. Sie verdienen wenig. Alle treiben Schwarzhandel, Devisenhandel. Viele sind verpflanzt worden wie wir.

Vom „mörderischen Klima" sprach einer. Man bedenke, unser Klima, das wir in Hamburg so loben wie eitel Sonnenschein, ist anderen ein mörderisches Klima. Aber wenn man vielleicht aus Galizien kommt und nicht zurückkann ...

*

Die Reise nach Lyck war schwer. Sie wurde in der ersten Zeit fast bedauert. Warum? Zu tief saßen die alten Bilder im Herzen. Nun aber kann man nicht mehr mit derselben Hingegebenheit an sie denken, immer schieben sich die neuen Bilder davor. Der Realist wird das vielleicht begrüßen, der Idealist hat sich zum zweitenmal beraubt und vertrieben.

Und doch — wenn Wochen vergangen sind, man die Fotos wieder in die Hand nimmt, dann strömt aus ihnen wieder die ganze Süße der Heimat. Man hat ja viel zu wenig gesehen. Was hätte man noch alles sehen können ... Und so werden die Deutschen immer wieder ihre schweren Koffer voller Geschenke in die alte Heimat schleppen. Geschenke für Deutsche? Für Polen? Das ist ganz gleich. Diese Geschenke haben etwas Abstraktes. Sie sind gar nicht an die Person gerichtet, aus ihnen spricht nur Anhänglichkeit an die alte Heimat. Die ewige Sehnsucht nach dem Platz des Ursprungs.

Eva M. Sirowatka

Masuren – Land der Kindheit

Schwer zu beschreiben, das Gefühl, das einen überkommt, wenn man nach fast dreißig Jahren wieder in einen Zug steigen kann, der im Sommer einmal wöchentlich verkehrt: in den Sonderzug von Köln nach Olsztyn, wie meine Heimatstadt Allenstein heute heißt.

In Köln war der Zug noch wenig besetzt, von Hannover ab war er nahezu voll. Ein großer Teil der Mitreisenden hatte das gleiche Ziel wie ich: Allenstein. Andere stiegen schon unterwegs in Pommern aus, später in Gdingen, Zoppot und Danzig, andere fuhren von Allenstein aus mit Bussen oder Zügen weiter hinauf nach Masuren, nach Lötzen, Angerapp und Goldap.

Die Fahrt nach Allenstein dauerte zwanzig Stunden. Für die Nacht wurde das Abteil in einen Liegewagen umgewandelt. Doch wer kann in einem Abteil mit sechs Personen schon richtig schlafen, vor allem, wenn man einige Male durch die Paß- und Zollkontrollen gestört wird. Die Abfertigung in der DDR war höflich, aber eisig, die auf polnischem Gebiet freundlich.

Ich war viel zu erregt, um schlafen zu können. Jede Räderumdrehung, jede Minute brachte mich meiner Heimat näher. Wie würde ich dieses Land wiederfinden, die Orte, Landschaften und Menschen, die mir in den ersten siebenundzwanzig Jahren meines Lebens lieb und vertraut gewesen waren?

Noch leben Verwandte und Bekannte in Masuren und Ermland, heute Mazury und Warmia genannt.

Seit Jahren schon war diese Reise geplant. Ich mußte sie aus verschiedenen Gründen immer wieder verschieben.

*

Als wir bei Marienburg über die Nogatbrücke fuhren, wurden Erinnerungen lebendig. Im Januar 1945 war ich zum letzten Mal in umgekehrter Richtung über die Nogat gefahren, damals, nach Schreckenstagen der Flucht, von Allenstein-Spiegelberg aus über Guttstadt, Pr. Holland bis Elbing, mit Trecks, und von dort aus mit einem der letzten Lazarettzüge über Marienburg bis Dirschau.

Wieviel hat sich in den vergangenen drei Jahrzehnten ereignet, an Weltgeschehen wie an eigenem Erleben!

*

Als wir Marienburg, heute Malbork genannt, passiert hatten, stand ich fast die ganze Strecke bis Allenstein am geöffneten Fenster im Gang des D-Zuges. Die Weite und Schönheit der vertrauten östlichen Landschaft hielt mich gefangen. Aus dunklen Wäldern blinkten Seen, auf Wiesen sah ich Kühe, Pferde und Schafe weiden. Hier und da stolzierten Störche herum — ein langentbehrtes Bild! Nach langen Regentagen schien endlich die Sonne.

Irgendwo zwischen Marienburg und Deutsch-Eylau, das heute Ilawa genannt wird, hielt der Zug auf freier Strecke in einem Wäldchen. Auf sandigem Boden wuchsen Kiefern und Birken. Ich atmete tief den Duft ein, den fast vergessenen Duft nach Kiefernnadeln, Moos, Blaubeerkraut und seltenen Waldblumen, wie sie einst in den masurischen Wäldern meiner Kindheit geblüht hatten. Erinnerungen an Sommertage des Glücks in dem kleinen

Dorf zwischen Wäldern und Seen wurden wach. Ich sah mich wieder als Kind auf den sandigen Wegen zum Wald laufen . . .

Chaberkowo — so heißt das kleine Walddorf heute — „Kornblume“. Dieser neue Name hat zu dem ursprünglichen keinen Bezug, aber er trifft genau den Charakter dieses Dorfes.

Wer auch der Namensgeber gewesen sein mag, eines verbindet mich mit ihm, die Liebe zu diesem Dörfchen! Ein kurzer Pfiff der Lokomotive — wir fahren weiter. Der zauberhafte Duft entschwand. Er war ein Willkommensgruß des Landes, in dem ich geboren bin, in dem ich meine Kindheit und meine schönsten Jugendjahre verbrachte.

*

In meinen Nachtträumen bin ich oft durch die Straßen meiner Heimatstadt Allenstein gegangen, ohne je mein Ziel zu erreichen. Ich wußte in diesen Träumen immer, daß ich wieder erwachen würde und daß das alles jenseits jeder Wirklichkeit war.

Nun aber, da ich wirklich durch diese Straßen ging, war es mir oft, als träume ich es nur.

Es hat während der zwei Wochen meines Masuren-Aufenthaltes viel geregnet. Tagelang lag über Allenstein eine Regenglocke: endloser, leiser Nieselregen, der alles in graue Melancholie hüllt.

Grau und traurig sahen auch die Gesichter der alten, vertrauten Häuser aus. Die Zeit schien in mancher Straße und Gasse stillgestanden zu sein. Auf den ersten Blick erschien mir alles wie damals, als wir fortgehen mußten; ja, sogar das alte Kopfsteinpflaster war in manchen Straßen noch vorhanden.

Die Linden in der ehemaligen Kaiserstraße, der heutigen Dabrowszcakow, blühten wie einst. Es war die alte Stadt und doch eine andere, vertraut und gleichzeitig fremd. Zwar sah ich die alten Wahrzeichen, das Schloß, das Rathaus, die roten Backsteinkirchen. Aber neue, hohe Häuser gaben der Stadt ein anderes Gesicht; im Westen ist ein neuer Stadtteil mit Hochhäusern entstanden.

Ein noch in Allenstein lebender Verwandter fuhr mich mit seinem Wagen durch Ermland und Masuren, durch stille Dörfer, durch die endlosen, regennassen Wälder, vorbei an Seen, deren Wasser so grau schimmerte wie der Himmel darüber.

Dann aber trat wie ein Geschenk des Himmels die Sonne aus den Wolken heraus und veränderte schlagartig das Bild der Landschaft. Alle Farben bekamen Tiefe und Leuchtkraft, die Wälder glänzten sattgrün, die Seen nahmen die Farbe des Himmels an: Masuren lächelte mir zu.

*

Aber nicht nur das Land Masuren lächelte mir zu, der nach drei Jahrzehnten als Touristin Heimgekehrten. Darüber hinaus geschah es nicht selten, daß ein Lächeln zwischen Menschen verschiedener Nationen eine Brücke baute.

Zwar hatte ich durch meine Kindheit in dem masurischen Dorf, in dem in vielen Familien auch Wasserpolnisch gesprochen wurde, einige polnische Sprachkenntnisse, aber sie reichten nicht aus, eine Unterhaltung zu führen. Wenn ich es versuchte, konnte es leicht zu Mißverständnissen kommen. Ein Lächeln oder Lachen überbrückte dann vieles.

Lachen ist international und wird überall verstanden. Es baut nicht nur menschliche Brücken, es kann auch der Beginn einer Freundschaft sein.

*

Oft, wenn ich durch die Straßen von Allenstein ging, wurde ich in polnischer Sprache etwas gefragt; man erkundigte sich nach der Uhrzeit, nach einer Straße. Die erste Frage beantwortete ich ganz einfach; ich zeigte auf meine Armbanduhr. Die zweite Frage konnte ich nicht beantworten. „Ja nie gada popolski“ (Ich spreche nicht polnisch), erklärte ich lächelnd, um am Ende noch hinzuzufügen „trocha“ (Ein wenig).

Meistens stellte es sich heraus, daß die Fragesteller selbst etwas deutsch sprachen. Einige Male waren es sogar im Land gebliebene Deutsche. Wir kamen so ins Gespräch. Ich erfuhr von ihrem Leben, ihren Sorgen und Problemen, hörte einiges über ihr nicht leichtes Leben, vor allem in den ersten Nachkriegsjahren.

Ich sprach mit einer jungen Frau, die auf einer Kolchose — einem früheren großen Gut bei Allenstein — arbeitet. Sie melkt täglich zweiundzwanzig Kühe mit der Hand und verdient ungefähr 2600 Zloty. Gemessen an ihrer Arbeitsleistung ist das nicht viel.

Ich sprach mit einer Mutter von sechs Kindern, deren Mann Landarbeiter ist. Auch sie arbeitet auf der gleichen Kolchose. Der gemeinsame Verdienst reicht gerade zum Nötigsten. Die Lebenshaltungskosten sind, was die Mieten und die Grundnahrungsmittel anbetrifft, billig. Dafür ist anderes teuer, wie zum Beispiel Kaffee, Schokolade, Strümpfe, Kleidung.

Diese Familie würde gern aussiedeln, doch könnten sie, wie mir die Frau sagte, die erforderlichen 5000 Zloty, die jeder Erwachsene für den Paß bezahlen muß, nicht aufbringen; auch die Kinder ab sechzehn müssen schon einen Paß haben.

Für die Landarbeiter dort gibt es keinen Achtstundentag; außer ihrem Jahresurlaub kaum einen freien Sonnabend. Auch am Wochenende müssen ja die Kühe gemolken, muß das Vieh gefüttert werden.

Ein Paket aus dem Westen bedeutet viel für diese Menschen. Sie sind für jedes kleine Geschenk dankbar, für ein Paar Strümpfe, eine Nylonschürze oder ein Hemd, für Kakao und Kaffee. Doch diese Geschenke sind nicht das Wichtigste. Mehr als alle praktischen Gaben bedeutet ihnen ein Besuch von Verwandten und Freunden aus dem Westen, das Gefühl: Wir sind nicht vergessen.

*

Auf dem Wochenmarkt, der täglich in Allenstein hinter einem grüngestrichenen Bretterzaun in der ehemaligen Roonstraße stattfand, fragte mich ein uraltes Frauchen nach der Uhrzeit. Sie sprach zuerst polnisch. Doch dann stellte sich heraus, daß sie Deutsche war und aus einem Dorf unweit meines Heimatortes stammte.

Auch sie wollte wissen, wo ich jetzt lebe.

„Ist bei euch das Luftchen auch so gut wie bei uns auf dem Lande?“ fragte sie und sah mich treuherzig an.

„Nein, so gut ist sie nicht!“ mußte ich zugeben. „Lange nicht so gut!“

„Dann bleib ich man lieber, wo ich bin, na nich!“ sagte

sie. Ihre jung gebliebenen Augen strahlten. Ich konnte ihrem Entschluß nur zustimmen.

„Einen alten Baum verpflanzt man nicht!“

Ein Mütterchen hoch in den Achtzigern würde eine Umsiedlung in den Westen kaum lange überleben.

Weniger erfreulich begann eine Begegnung auf dem Pferdemarkt, der zweimal in der Woche dort stattfand. Das Bild des Allensteiner Pferdemarktes ist sicher für einen Foto-Amateur in seiner faszinierenden östlichen Farbigkeit von unwiderstehlichem Reiz.

Zwar war das Fotografieren hier nicht verboten; aber ich hatte schon einmal die Erfahrung gemacht, daß es klüger ist, das möglichst unauffällig zu tun. Vorerst mußte ich mit dem Belichtungsmesser die nötige Zeit feststellen, da ich einen Farbfilm in der Kamera hatte. Ich wurde dabei von einem finster dreinblickenden, älteren Polen beobachtet. Stirnrunzelnd fragte er mich, was das Ding in meiner Hand zu bedeuten habe.

Obwohl er polnisch sprach, verstand ich doch den Sinn seiner Frage. Nur für die Antwort fehlten mir die Worte. Ich lächelte etwas gezwungen und zeigte ihm die Kamera, nicht ohne Furcht, es könne Ärger geben.

„Dobrze, dobrze“, (Gut!) lobte er mich zu meiner großen Überraschung. Lang und breit begann er etwas zu erzählen, von dem ich so gut wie gar nichts verstand. In seinem Gesicht war keine Spur von Mißtrauen mehr, nur freundliches Wohlwollen.

Vielleicht hatte er auf dem Pferdemarkt schon ein lohnendes Geschäft abgeschlossen und dies Geschäft mit einigen Wodkas begossen. Man konnte das ahnen oder riechen ... Als der Alte mir wiederholt kräftig auf die Schulter klopfte, verabschiedete ich mich höflich, aber rasch mit einem „Dzien dobry“ (Guten Tag), um in der Menschenmenge unterzutauchen.

*

Eine weitere erfreuliche Begegnung mit einem Polen erlebte ich eine Woche später, ebenfalls auf dem Pferdemarkt. Als ich eine handgearbeitete Einkaufstasche erstehen wollte, und es mit der Verkäuferin wegen des Preises zu keiner richtigen Verständigung kam, mischte sich ein jüngerer, schwarzlockiger Mann in unsere Verhandlung. Der junge Pole beherrschte die deutsche Sprache nahezu perfekt, nur mit einem leichten Akzent.

Wir kamen ins Gespräch, ich erfuhr, daß er am Darether See lebte und „Rentner“ sei. Auf meine erstaunte Frage, wie es möglich sei, daß ein so junger Mann schon Rente erhielte, erklärte er, daß er nur für längere Zeit krankgeschrieben wäre, und daß in Polen diese Krankschreibung so bezeichnet würde.

„Sie sind bestimmt deutscher Abstammung“ meinte ich. „Sie würden sonst nicht so gutes Deutsch sprechen.“

„Nein, ich komme aus Zentralpolen“, sagte der junge Mann lächelnd. „Bis vor drei Jahren konnte ich kaum ein Wort Deutsch sprechen.“

Als ich erfuhr, daß er unsere Sprache in der Hauptsache mit Hilfe einer deutschen Bibel erlernt hätte, erschien er mir als wahres Sprachgenie.

„Können Sie Polnisch lesen?“ fragte er.

„Nur ein wenig, kaum der Rede wert“, erklärte ich bedauernd. „Ich bin noch dabei, meine unzureichenden polnischen Sprachkenntnisse an Hand eines Lehrbuches zu erweitern. Leider bin ich nicht so sprachbegabt wie Sie."

„Darf ich Ihnen trotzdem eine kleine religiöse Schrift schenken? Zum Andenken. Ich habe sie selbst verfaßt." Ich sagte nicht nein. Daraufhin holte er aus seiner Aktentasche ein maschinengeschriebenes Manuskript hervor und überreichte es mir mit einer leichten Verbeugung. Ich erfuhr, daß er einer Sekte angehöre.

Wenn ich dieses Schriftstück auch nicht selber übersetzen konnte, so würde mein Vetter es sicher für mich tun. Ich dankte ihm und bedauerte, daß ich ihm als kleine Gegengabe nichts anderes überlassen konnte als eine Packung deutscher Zigaretten, die ich bei mir hatte.

Da ich zurück ins Hotel mußte, verabschiedete ich mich mit guten Wünschen von dem jungen Polen. Mein Vetter hat mir die Abhandlung später übersetzt. Sie hatte den „Barmherzigen Samariter" zum Thema.

*

Eine weitere Begegnung, dieses Mal mit einer älteren Polin, hat mich sehr bewegt. Mein Vetter und ich waren mit dem Omnibus unterwegs, um das Dorf meiner Kindheit, Neu-Wuttrienen, aufzusuchen, das heutige „Chaberkowo" — Kornblume — genannt wird.

Da die Landwege durch den Regen völlig durchweicht waren, wären wir im Auto meines Vetters nicht durchgekommen. Darum fuhren wir auf der Chaussee bis zum Kirchdorf Wuttrienen mit dem Omnibus und wollten von dort aus zu Fuß nach Neu-Wuttrienen wandern. Als wir in Wuttrienen aus dem Bus stiegen, führte mich mein erster Gang zu der aus roten Backsteinen erbauten alten Pfarrkirche.

Es war die Kirche, in der ich als Kind sonntags die Messe besucht hatte; hier hatte ich auch meinen Beichtunterricht erhalten.

Tiefbewegt betrat ich nach so vielen Jahren die Kirche. Auf den ersten Blick schien das Innere kaum verändert, bis auf den Seitenaltar, der für die Schwarze Muttergottes von Tschenstochau errichtet worden war. Auf einer großen Tafel fand ich die Namen aller im letzten Weltkrieg gefallenen oder in Kriegsgefangenenlagern Verstorbenen dieser Kirchengemeinde. Es waren Schulkameraden von mir dabei und meine Freundin Anelka.

Ich kniete vor dem Altar nieder, im Gebet für die Verstorbenen. Durch die hohen, bunten Kirchenfenster flutete das Sonnenlicht. Später saß ich in der Bank, in der ich einst neben meiner Mutter gesessen hatte. Jahrzehnte schrumpften zusammen. Ich war wieder ein Kind, heimgekehrt und willkommen in diesem Haus Gottes.

Wie lange ich in jener alten Bank gesessen habe — ich weiß es nicht. Mein Vetter kam zu mir und flüsterte mir zu, daß wir die Kirche verlassen müßten, da sie abgeschlossen werden sollte. Ich blickte auf und sah am Seiteneingang eine ältere Grauhaarige, vermutlich die Küsterin oder die Frau, die die Kirche sauber hielt. Ich nickte ihr grüßend zu, als ich an ihr vorbei hinausging. Sie verschloß das Seitenportal und folgte uns. Ich überlegte, wie ich der Frau eine kleine Freude bereiten könnte, hatte aber außer ein paar winzigen Döschen Pulverkaffee nichts bei mir. Spontan holte ich einen Hundertzloty-Schein hervor und steckte ihn ihr zu. Sie gab ihn mir wieder mit der Andeutung eines Lächelns und sagte etwas, was ich nicht verstand. Mein Vetter übersetzte es mir: „Das Beten in der Kirche ist umsonst!“

„Ich weiß“, sagte ich beschämt. „Das Geld soll für die Kollekte sein.“

Wieder dolmetschte mein Vetter. Nun hatte die Frau nichts dagegen, daß ich ihr den Schein wiedergab. Sie nahm ihn mit einem herzlichen Lächeln, das alles Herbe aus ihrem Gesicht fortwischte und sie um Jahre jünger erscheinen ließ.

Als mein Vetter ihr erzählte, daß ich nach drei Jahrzehnten die Heimat zum ersten Mal wiedergesehen hatte und daß diese Kirche einst meine Pfarrkirche gewesen war, umarmte sie mich herzlich.

Sie lud uns ein zu „Brot und Wein“, wie sie wörtlich sagte, ins Pfarrhaus.

Mein Vetter erzählte mir, daß sie die Mutter des polnischen Pfarrers sei.

Ich habe es sehr bedauert, daß wir dieser Einladung nicht folgen konnten. Wir hatten noch einen fast einstündigen Fußweg vor uns und mußten gehen, wenn wir den späten Nachmittagsbus zur Zeit erreichen wollten.

Ich drückte der Frau zum Abschied die Hand und ließ ihr durch meinen Vetter sagen, daß wir sie bestimmt aufsuchen würden, falls mich mein Weg noch einmal in dieses Dorf führen würde.

„Vergeßt es nicht!“ bat sie. „Ihr seid immer willkommen. Zu Brot und Wein!“

Oft noch habe ich an diese Einladung denken müssen. Nie zuvor hat mich jemand zu Brot und Wein eingeladen. Wie viel liegt in diesen beiden Worten!

*

Dann wanderten wir auf dem einsamen Weg nach dem Dorf meiner Kindheit, Neu-Wuttrienen, an einem der wenigen Sonnentage des vergangenen Juli. Dieser Weg war mir so vertraut, als wäre ich ihn erst gestern gegangen. Vertraut waren auch die alten Weidenbäume am Wegesrand.

Das Korn reifte der Ernte entgegen, der Sommerwind ließ es wie in Wellen wogen. Überall, so weit der Blick reichte, blaute am Horizont der Wald. Mit jedem Schritt kam ich meinem Heimatdorf näher, von dem ich in einem Gedicht sagte:

Blau ist der Wald am Horizont
und gelb am Weg der Sand —
es wandern die Gedanken weit
zurück ins Heimatland . . .

Nun wanderte ich selbst auf diesem sandigen Weg nach Neu-Wuttrienen, meinem Heimatdorf.

Ich sah es in sichtbarer Entfernung vor mir liegen, eingebettet in eine paradiesisch schöne Landschaft: eine Einheit aus Feldern, Moorwiesen und Wald. Irgendwo schrie ein Kiebitz — sonst war es nur Stille, die uns umgab — kein Auto, kein Motorrad, ja keine Menschenseele begegnete uns auf dieser Wanderung.

Auch die Dorfstraße lag vereinsamt da, bis auf einige Kinder, die am Wegesrand spielten. Sie schauten uns Fremden neugierig nach.

In einer Pfütze suhlte sich eine Schar von Gänsen, so wie einst, da ich als Kind barfuß diesen Weg entlanglief. Auch den alten Ziehbrunnen am Dorfeingang gab es noch. Dann bogen wir um die Ecke. Und nun sah ich den Garten, den mein Vater einst gemeinsam mit meiner Mutter angelegt hatte, als er, aus Königsberg kommend, an die

Landschule dieses Waldarbeiterdörfchens versetzt wurde. Er fand neben dem neuen, aus roten Backsteinen erbauten Schulhaus ein großes Stück umzäuntes Gartenland vor, das erst kultiviert werden mußte.

Mein Vater pflanzte Bäume, legte Rasen an und schuf in unermüdlicher Arbeit einen zauberhaften Garten. Nun sind diese Bäume groß und alt geworden. Aus dem Grün des Gartens sah ich rot das Dach der Schulscheune schimmern. Das Schulhaus, mein Elternhaus, existiert nicht mehr; es fiel den letzten Kriegstagen zum Opfer (oder es wurde beim Einmarsch der Russen zerstört).

Nur ein paar Ziegelreste sind geblieben. Und der wilde Wein, der einst gegen unsere Fensterscheiben klopfte, wenn der Wind ihn bewegte. Nun rankt er um den Platz, an dem das Haus meiner Jugend einst stand.

Bevor ich diese vertraute Stätte betrat, begegnete uns ein uraltes Frauchen, das sich auf dem Heimweg nach Alt-Kaletka, dem Nachbardorf, befand. Es war eine hier verbliebene Deutsche. Wir sprachen mit ihr, ich nannte ihr meinen Mädchennamen. Sie sah mich lange und forschend an.

„Ich kannte deinen Vater, Kind!“ sagte sie. „Meine Schwiegertochter ist bei ihm zur Schule gegangen. Er war ein guter Lehrer. Man spricht Gutes über ihn. Aber ich will euch nicht länger aufhalten. Gott segne dich, meine Tochter!“

Sie eilte davon, eine kleine, vom Alter gebückte Gestalt.

Ich werde das liebe Gesicht der alten Frau, von Wind und Wetter gebräunt, mit hundert kleinen Fältchen, werde ihre klaren, hellen Augen nicht vergessen.

Ihre Worte „Gott segne dich, meine Tochter!“ werden mich lange begleiten.

Wenn ich auch mein Elternhaus, die rote Schule, nicht wiederfand, so waren es doch die Räume meines Vaters, die mich, die nach langer Zeit Wiedergekehrte, wie Freunde begrüßten.

„Ein Mensch, der einen Baum pflanzte, hat nicht umsonst gelebt", sagt ein altes Sprichwort. Mein Vater pflanzte viele Bäume, in den Gärten der alten wie der neuen Heimat. Im Neu-Wuttriener Schulgarten wachsen sie nun wie in einem Naturpark, in wilder Schönheit.

Meinem Vater war es nicht mehr vergönnt, seine Heimat und seine Gärten wiederzusehen. Er liegt fern von hier auf den Höhen des Hunsrücks begraben. Nie war Vater mir seit seinem Tode so gegenwärtig wie hier, in seinem Wuttriener Schulgarten.

Dort gewesen zu sein, diese Stätte, das Waldarbeiterdorf und einige Menschen von damals wiedergesehen zu haben, das allein war meine Reise wert.

*

Wer heute als Tourist nach Masuren und Ermland reist, der sollte Zeit und Gelassenheit mitbringen. Er darf nicht alles nach westlichen Maßstäben messen. Wir Leutchen aus unserer Reisegesellschaft aßen gemeinsam in dem sogenannten Bankettsaal an einer langen Tafel. Das Essen war gut und reichlich, wenn auch nicht besonders abwechslungsreich. Zu Mittag wurde von 14 bis 15 Uhr gespeist. Das Vorgericht stand pünktlich auf dem Tisch: Brot, Butter, eingelegter oder gebratener Fisch, manchmal auch eine Suppe. Dann kam eine sehr lange Pause. Manchmal dauerte es eine gute halbe Stunde, bis endlich das Hauptgericht serviert wurde. War die Mittagsstunde um, die Tischzeit beendet, kam oft noch ganz überraschenderweise, gerade, als man gehen wollte, die Nachspeise.

Warum hasten? Wer Urlaub hat, hat auch Zeit! Das war die Devise.

Es gab aber auch Touristen, die es sehr eilig hatten, weil sie nachmittags noch eine Reise ins Land unternehmen wollten. Ein Taxi kann warten, der Omnibus und der Zug aber nicht. Man mußte sich also entscheiden; entweder das Hauptgericht und die Nachspeise, oder die Reise!

Im übrigen gingen die Züge selten pünktlich ab. Ich jedenfalls habe es kaum erlebt, daß ein Zug, den ich benutzte, genau nach Fahrplan abfuhr oder ankam. Und ich unternahm in diesen beiden Wochen oft größere und kleinere Reisen ins Land hinein. Zehn bis zwanzig Minuten Verspätung war keine Seltenheit und wurde von den Reisenden mit Gelassenheit hingenommen. Meine Kusine Friedchen versicherte mir treuherzig, daß es aber noch Züge gäbe, die genau nach Fahrplan abfuhren oder ankamen.

Friedchen ist die jüngste meiner vier in Ermland und Masuren lebenden Kusinen. Als wir im Januar 1945 auf die Flucht gehen mußten, war sie noch ein Baby. Nun ist sie eine junge, hübsche Frau und Mutter, ein aufgeschlossener Mensch. Ihre hellen, blauen Augen strahlen Lebensfreude und Wärme aus.

Obwohl wir uns in diesem Sommer zum ersten Mal begegneten, waren wir uns vom ersten Augenblick an nicht fremd. Friedchen erinnert mich sehr an meine Mutter, als diese eine junge Frau war — dabei ist Friedchen ein blonder und meine Mutter ein dunkler Typ. Außer den vier Kusinen habe ich in Ostpreußen noch zwei Vettern und eine große Anzahl Neffen und Nichten zweiten Grades, dazu kommen noch die angeheirateten Verwandten.

Tante Gustel, die Mutter und Großmutter dieser zahlreichen Verwandtschaft, ist auf dem großväterlichen Hof geblieben, den damals ihr Mann, der Bruder meiner Mutter, übernommen hatte. Dieser Bruder, Tante Gustels Mann, wurde beim Russeneinmarsch von seinem Hof und seiner Familie fort nach Sibirien verschleppt. Er ist seither verschollen.

„Weine nicht, ich komme bestimmt wieder!“, waren die letzten Worte, die er an seine Frau richtete.

Gustel blieb mit ihren acht Kindern zurück, von denen sie zwei Söhne durch tragische Unglücksfälle verlor. Allein mit Hilfe der Kinder bewirtschaftete sie den nicht kleinen Hof. Vielleicht wäre auch sie — wie viele andere — nach dem Westen ausgesiedelt, wenn sie nicht so fest an die Rückkehr ihres Mannes geglaubt hätte, dem sie den Hof erhalten wollte.

Die ersten Nachkriegsjahre waren unvorstellbar schwer für sie und die Kinder. Als sie 1945 nach einer kurzen Zwangsevakuierung in ein fernes Dorf wieder auf ihren Hof zurückkehren durften, hatten ihnen die Russen alles Vieh und die gesamte Einrichtung fortgenommen — nicht einmal eine Katze oder ein Hund war auf dem Hof am Leben geblieben.

Dazu gab es für die dort gebliebenen Deutschen, die nicht mehr fortkamen, viele andere Schwierigkeiten und Probleme, über die an anderer Stelle schon oft berichtet worden ist.

Nun geht es meinen Verwandten verhältnismäßig gut, der Hof ist ordentlich bewirtschaftet. Sie leben mit den anderen dort gebliebenen Deutschen, aber auch mit der polnischen Bevölkerung in Eintracht zusammen.

Fast dreißig Jahre ist es her, daß Gustels Mann verschleppt wurde. Da man nie wieder etwas von ihm hörte, ist anzunehmen, daß er längst im Lager verstorben ist. Seine Frau aber hat die Hoffnung auf seine Wiederkehr nie aufgegeben. Immer, wenn ein Hund draußen anschlug, wenn ein Fremder den Hof betrat, lebte in ihr die Hoffnung auf, dieser Fremde könne ihr verschleppter Mann sein.

Nun ist Tante Gustel alt. Ihre Haare sind weiß. Doch immer noch hofft sie auf die Rückkehr ihres Mannes. Sie wird wohl bis zuletzt darauf hoffen.

Auf dem großelterlichen Hof, wo meine Mutter aufgewachsen ist und den ich als Kind oft mit ihr aufsuchte, fand ich ein Stück wahre, alte Heimat wieder.

*

Kusine Friedchen lebt mit ihrem Mann und ihrer kleinen Tochter in einem Dorf an einem See an der Bahnstrecke Allenstein—Nikolaiken. Bei Friedchen traf ich fast die ganze Verwandtschaft. Das Haus war angefüllt mit fröhlichen Verwandten aller Altersgruppen — es war wie eine Hochzeit oder Kindtaufe.

Es gab unendlich viel zu erzählen und auch zu lachen. Manchmal wischte sich jemand auch verstohlen eine Träne aus dem Auge, wenn über Erlebnisse gesprochen wurde, die einen ernsten oder traurigen Hintergrund hatten.

Als ich am späten Abend zurück nach Allenstein fuhr, brachte mich die ganze Verwandtschaft geschlossen zur Bahn.

Bei meinem ersten Besuch hatte der Zug nur dreißig Minuten Verspätung. Er kam ja auch von weit her, von Nikolaiken! Das zweite Mal brauchte ich nur zehn Minuten auf den gleichen Zug zu warten.

„Da hat eure Kusine aber Glück!" erklärte strahlend der Stationsvorsteher meinen Verwandten. „Es ist heute das erste Mal im Monat, daß der Nikolaiker Zug nur so wenig Verspätung hatte!"

Da sich der Juli dem Ende zuneigte, konnte man nur sagen: „Ja, Glück muß der Mensch haben!“

*

Was meine Verwandten drüben anbetrifft, so habe ich wirklich viel Glück. Es sind ausnahmslos liebe und gutherzige Menschen. Wenn sie alle auch keine Reichtümer besitzen, so hat doch fast jede Familie ihr Häuschen auf dem Lande, ihr Stück Acker, ihr Gärtchen, ihr Federvieh und ein Schwein für die Winterschlachtung im Stall stehen.

Daß zu allem noch der väterliche Bauernhof existiert, der nicht zu den kleinsten des Landes gehört, sollte man nicht außer acht lassen. Dort werden natürlich öfter Schlachtungen veranstaltet.

Dann gehen die auswärts lebenden Geschwister auch nicht ganz leer aus, das versteht sich! Die Familie hält sehr zusammen, in guten wie in schlechten Zeiten; es gibt oft Familientreffen, auch ohne besonderen Anlaß.

Es sind ausnahmslos fleißige und strebsame Menschen, die bemüht sind, ihren Lebensstandard von Jahr zu Jahr zu verbessern. Wenn es bei Friedchen auf dem Lande auch keine Wasserleitung gab, so spendete dafür eine Pumpe im Garten das lebenswichtige Naß. Da ist ja auch der See, an dessen Ufer das Gartengrundstück grenzt. Sein Wasser ist so klar, daß man es trinken könnte. Man sieht die Fische darin munter herumschwimmen.

Friedchen brachte zum Abendbrot gebratenen Fisch auf den Tisch, der eine Stunde zuvor noch im See herumgeflitzt war.

„Wenn du im nächsten Jahr wiederkommst“, erklärte sie stolz, „dann haben wir vielleicht sogar schon fließendes Wasser im Haus.“

Die Rohre dafür hatte Friedchens Mann schon auf dem Tauschwege besorgen können. Das andere wird nach und nach auf ähnliche Weise zusammenkommen, wenn auch nicht von heute auf morgen.

Es gibt in unserer Heimat nicht alles so einfach zu kaufen, wie bei uns. Dazu müssen vorher ja auch noch die nötigen Zlotys verdient werden. Besonders Sachen, wie eine elektrische Pumpe, kosten eben auch besonderes Geld!

*

„Komm nächsten Sonntag wieder zu uns", bat Friedchen mich immer wieder, als ich zum ersten Mal bei ihr zu Besuch war. Am späten Abend brachte sie mich zum Bahnhof. Das Dörfchen lag friedlich im Mondenschein da. Am See quakten die Frösche. Es war eine zauberhafte Atmosphäre, fast wie in einer anderen Welt.

Auch die Menschen in diesem Land erschienen mir anders — genügsamer, bescheidener und zufriedener, als bei uns in dem sogenannten „goldenen Westen". Sie sind aufgeschlossener, herzlicher zueinander. Das ganze Dorf ist fast wie eine Familie — einer hilft dem anderen, wenn es nötig ist.

„Du kommst also bestimmt!" wiederholte Friedchen beim Abschied ihre Einladung. „Ich schlachte auch ein Huhnchen. Es gibt Suppchen vom Huhnchen!"

„Laß uns nur das Huhnchen leben", bat ich. „Meinetwegen soll es nicht geschlachtet werden!"

„Aber das Huhnchen hat ja ein lahmes Beinchen!" mischte sich Friedchens Mann in die Debatte. „Es muß sowieso geschlachtet werden."

Friedchen warf ihrer besseren Hälfte einen vernichtenden

Blick zu. Sie war einfach sprachlos. Ich versuchte die ein wenig gespannte Situation durch die Versicherung zu entschärfen: „Ein lahmes Bein, das ist ja keine Krankheit. Laß das Huhnchen am Leben, Friedchen!“

Meine Bitte stieß auf taube Ohren. Als ich wiederkam, gab es als Vorgericht zu Mittag eine vorzügliche Hühnersuppe, dazu selbstgemachte Nudeln. Es wurde aber noch viel anderes aufgetischt: Entenbraten, Schweinebraten, Eingemachtes süß und sauer, köstliche Nachspeisen, süßer Wein, den Friedchen aus Johannisbeeren gekeltert hatte. Und eine Stunde später gab es schon wieder Kaffee mit Kuchen und Torten und dazu einen Wacholderschnaps.

Der Tisch war festlich gedeckt, das beste Porzellan, die schönste Decke. Die Verwandten geben ihr Bestes.

Und wenn es sein mußte, hätten sie ihr Letztes gegeben. Für sie, die sie dort in der Heimat geblieben sind, ist ein Besuch von Verwandten aus dem Westen ein großes Ereignis.

Von unserer zahlreichen Verwandtschaft, die nun seit der Vertreibung im Westen lebt, war ich die erste, die zu ihnen gekommen war. Sie zeigten sich dankbar, auch für die leider viel zu wenigen Geschenke, die ich für eine so große Verwandtschaft dort in meinen beiden Koffern mitführen konnte. Es kam ihnen aber weniger auf diese Gaben an, als auf das Gefühl: Wir sind nicht vergessen. Wir gehören zusammen, wir sind eine Familie — trotz der Grenzen, die zwischen uns liegen ...

*

Als ich zur Heimfahrt rüstete, erhielt ich von allen Seiten der Verwandtschaft Abschiedsgeschenke. Meine Koffer waren auf der Rückreise schwerer als auf der Hinreise, sie waren zum Bersten voll.

Ich befürchtete, der polnische Zoll würde die vielen guten, harten Würste beanstanden, die meinen Koffern diese Schwere gaben. Ich hatte Glück — der Inhalt entsprach offenbar gerade noch den Vorschriften.

Es waren aber nicht nur die deutschen Verwandten, die mich durch ihre Gastfreundschaft und ihre Abschiedsgeschenke erfreuten und beschämten — es waren auch die angeheirateten polnischen Verwandten, die ihnen an Herzlichkeit nicht nachstanden und die ich in diesen Wochen ebenfalls in mein Herz geschlossen habe.

Da ist Ludowika, die junge Frau meines Vetters, eine gebürtige Warschauerin, liebenswürdig, charmant und sehr tüchtig. Da ist Nanina, von der Verwandtschaft nur „Das Tantchen" genannt, da sie die Tante von Ludowika ist. Sie war gerade aus Warschau zu Besuch, als ich kam.

Ludowika spricht Deutsch so wenig wie ich Polnisch. Mit Hilfe von Sprachbrocken und durch Gesten und Blicke konnten wir uns notdürftig verständigen.

Das Warschauer „Tantchen" aber sprach kein einziges Wort Deutsch. Erst als ich abreiste, hörte ich das erste deutsche Wort aus ihrem Munde: „Auf Wiedersehen!"

Es erinnerte mich an ihre Einladung, sie im kommenden Sommer im Warschau zu besuchen.

Tantchen und Ludowika überboten sich mir gegenüber an Gastfreundschaft. Ich war an einigen Abenden bei ihnen zu Gast. Obwohl ich gerade im Hotel gut zu Abend gegessen hatte — meinen Verwandten war das bekannt — wartete bei meinem Vetter ein festlich gedeckter Tisch auf mich. Da waren Salate aller Art, Appetithäppchen, eingelegter Fisch, kaltes Hähnchen, Nachspeisen. Alles mit viel Liebe verlockend angerichtet. Wer hätte da schon „Danke, nein!" sagen können, ohne die Gastfreundschaft zu verletzen?

Wenn Tantchen mit mir auch keine direkte Unterhaltung führen konnte, so sprach doch der Blick ihrer Augen, ihr herzliches Lächeln.

Wie oft mußten wir über Ludowikas kleinen Hund lachen, einen winzigen, weißen Pekinesen. Sein stupsnasiges Gesicht nahm mitunter fast menschliche Züge an.

Dieses Miteinander-Lachen-Können brachte uns auch ohne gemeinsame Sprache näher.

*

Am letzten Tag fuhr ich noch einmal im Wagen durch die endlosen Wälder Masurens, durch die herrliche östliche Landschaft. Ich nahm Abschied von dem Land meiner Jugend.

Meine Augen tranken die Schönheit der Landschaft. Mein Herz war schwer wie der wolkenverhangene Himmel.

Dann trat wieder die Sonne aus den Wolken heraus — ihre Strahlen machten alles hell und hoffnungsfroh.

Ich wußte, ich würde wiederkommen. Vielleicht im nächsten oder übernächsten Jahr. Ich würde das Land und die Menschen, die mir nahestanden, wiedersehen.

Ich habe hier Freunde gewonnen. Es gab unsichtbare Brükken der Menschlichkeit zwischen ihnen und mir; Brücken, die über Grenzen hinausgehen.

Masuren lächelte mir zum Abschied noch einmal zu.

ANGERAPP
Drengfurth
Srokowo
Angerburg
WĘGORZEWO
Barten
Barciany
MAUER-SEE
Kutten
Kuty
Gr. Steinort
Sztynort Mł.
Schwenten
Ogonki
Rosengarten
Radzieje
Grossgarten
Pozezdrze
Rastenburg
KĘTRZYN
DOBENSCHER SEE
DARGAINEN-SEE
Kruglanken
Kruklanki
Doben
Doba
Lötzen
GIŻYCKO
WOLFSSCHANZE
Gierloż
Gr. Stürlack
Sterławki Wlk.
LÖWENTIN-SEE
Widminnen
Wydminy
MASUREN
Rhein
Ryn
Milken
Miłki
Sensburg
MRĄGOWO
Gr. Jauer
Jora Wlk.
Eichendorf
Dabrówka
Arys
ORZYSZ
Drosselwalde
Drosdowo
Hoverbeck
Baranowo
Nikolaiken
MIKOŁAJKI
SPIRDING SEE
Seegutten
Nw. Guty
Kessel
Szlachecki
Alt-Ukta
Ukta
MUCKER SEE
Niedersee
RUCIANE-NIDA
Altkelbunken
Str. Kiełbonki
Breitenheide
Szeroki Bór
Hirschen
Zgon
Johannisburg
PISZ
NIEDER-SEE
Kurwien
Karwica Mł.
Walddorf
Przerośl
PISA

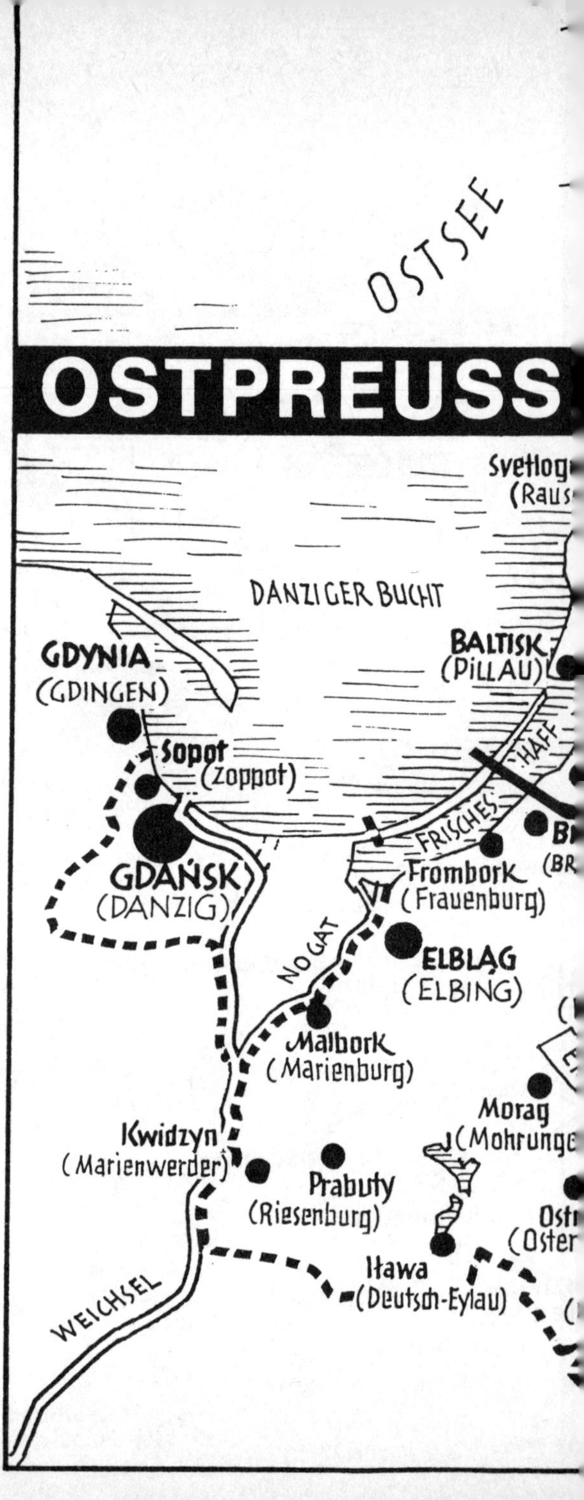

Für Reisende, die mit eigenem Wagen nach Ostpreußen fahren, sind Karten unentbehrlich, auf denen die alten wie die neuen Ortsnamen verzeichnet sind. Aber auch wer mit einer Reisegesellschaft kommt und vertraute Ortsnamen sucht, sollte eine solche Karte mit sich führen.

SOWJET-UNION
KLAIPĖDA
(MEMEL)
KURISCHES HAFF
RUSS
Zelenogradsk
(Cranz)
SOVETSK
(TILSIT)
MEMEL
Polessk
(Labiau)
SAMLAND
INSTER
KALININGRAD
KÖNIGSBERG)
CZERNIAHOWSK
(INSTERBURG)
GUSIEW
(GUMBINNEN)
amonovo
eiligenbeil)
PREGEL
DEMARKATIONS-
LINIE
ANGER
Bagrationovsk
(Pr. Eylau)
NIEWO
NSBERG)
Goldap
ALLE
Bartoszyce
(Bartenstein)
MAUER-S.
Węgorzewo
(Angerburg)
Górowo
Iławeckie
(Landsberg)
Kętrzyn
(Rastenburg)
rneta
rmditt)
Lidzbark
Warminski
(Heilsberg)
Gizycko
(Lötzen)
Olecko
(Treuburg)
Mrągowo
(Sensburg)
Dobre Miasto
(Guttstadt)
LAND
Mikołajki
(Nikolaiken)
MASUREN
Biskupiec
(Bischofsburg)
SPIRDING-S.
Ełk
(Lyck)
OLSZTYN
(ALLENSTEIN)
Pisz
(Johannisburg)
Szczytno
(Ortelsburg)
sztynek
nstein)
Nidzica
(Neidenburg)
POLEN
50 Kilometer